Gottlieb Sodeur

Vergleichende Untersuchung der Staatsidee Kants und Hegels

Gottlieb Sodeur

Vergleichende Untersuchung der Staatsidee Kants und Hegels

ISBN/EAN: 9783743443389

Hergestellt in Europa, USA, Kanada, Australien, Japan

Cover: Foto ©ninafisch / pixelio.de

Manufactured and distributed by brebook publishing software (www.brebook.com)

Gottlieb Sodeur

Vergleichende Untersuchung der Staatsidee Kants und Hegels

Vergleichende Untersuchung
der
Staatsidee Kants und Hegels

Inaugural-Dissertation
zur
Erlangung der Doctorwürde
der
philosophischen Fakultät in Erlangen

vorgelegt von

Gottlieb Sodeur
Pfarrer.

Borna
Druck von Robert Noske
1893.

Inhaltsübersicht.

§ 1.
Kant.

	Seite
I. Der Staat im System der Vernunft	1
II. Der Staat nach Prinzipien der Vernunft	2
a. Die Freiheit und das Recht	2
b. Die Grundlage und der Zweck des Staats	4
c. Der rechtliche Ursprung des Staats	6
d. Die rechtmässige Verfassung des Staats	8
1. Die Trennung der Gewalten	8
2. Die reine Republik	11
e. Die Staaten in ihrem gegenseitigen Verhältnis	13

§ 2.
Hegel.

I. Der Staat im Entwicklungsprozess der Vernunft	16
II. Der Staat als Organisation der Vernunft	17
a. Die Freiheit und das Recht	17
b. Das Recht und die bürgerliche Gesellschaft	19
c. Der Staat als sittliche Substanz	23
1. Der rechtliche Standpunkt	23
2. Der moralische Standpunkt	24
3. Der Standpunkt der Sittlichkeit	25
4. Der Staat auf dem Standpunkt der Sittlichkeit	26
d. Der Staat als vernünftiger Organismus	27
1. Die fürstliche Gewalt	29
2. Die Regierungsgewalt	30
3. Die gesetzgebende Gewalt	31
e. Der Staat in seinem Verhältnis zu anderen Staaten	33

§ 3.
Kant und Hegel. 35

§ 4.
Geschichtliche Betrachtung.

I. Kant und seine Zeit	37
II. Hegel und seine Zeit	39
III. Ergebnis	42

§ 5.
Philosophische Untersuchung.

I. Die Berührungspunkte zwischen Kant und Hegel	44
1. Die Freiheit und das Recht	44
2. Die Strafe	48
3. Der Staat und die Geschichte	49
II. Der Unterschied zwischen Kant und Hegel	51
1. Individuum und Gesamtheit	51
2. Apriorische Konstruktion und aposteriorische Deutung	56

§ 1.
Kant.

1. Der Staat im System der Vernunft.*)

Die Philosophie der reinen Vernunft, wie man Kants' Lebensarbeit nennen kann, zerfällt in die Kritik und in das System der Vernunft. Die **Kritik** als Propädeutik untersucht das Vermögen der Vernunft in Ansehung aller reinen Erkenntnisse a priori. Solche nicht bloss durchschnittlich sondern allgemein und notwendig giltige Erkenntnisse gibt es auf dem Gebiete der Mathematik und Physik sowie auf dem der Sittlichkeit. Aber möglich sind sie nur dadurch, dass die Gesetze dessen, was da ist und dessen, was da sein soll, die Gesetze der Vernunft sind: Die Begriffe (Kategorien), durch die wir die sinnlich wahrgenommenen Erscheinungen verknüpfen und den Inhalt unserer Empfindung zu wissenschaftlicher Einsicht erheben, sind Gesetze der Vernunft, die für das Gebiet der Erfahrung unbedingt gelten; das Gesetz, nach dessen Maassstab allein eine Handlung als sittlich beurteilt werden kann, ist ein Gebot der Vernunft, das für das Gebiet der Sittlichkeit unbedingt Geltung hat.

Die Darstellung aller reinen Erkenntnisse a priori im Zusammenhang gibt das **System** der Vernunft. Da solche Erkenntnisse möglich sind nur unter der Voraussetzung einer Gesetzgebung der Vernunft, so zwar dass nur die Gesetze der Vernunft jenen Erkenntnissen den Charakter der Reinheit und Apriorität garantieren, — ist jenes System nichts anderes als eine Darstellung der Gesetzgebung der menschlichen Vernunft. Diese Gesetzgebung erstreckt sich auf das, was da ist und was da sein soll, auf die natürliche und auf die sittliche Welt, auf das Reich der Natur und auf das Reich der Freiheit. Nennt man die Darstellung reiner Erkenntnisse a priori aus Vernunftprinzipien Meta-

---

*) cf. K. Fischer, Geschichte der neuern Philos. III. u. IV. Bd.

physik, so enthält das System der Vernunft eine **Metaphysik der Natur** und eine **Metaphysik der Sitten.***)

Die Metaphysik der Sitten enthält also die Gesetzgebung der Vernunft im Reiche der Freiheit. Diese Gesetzgebung hat wiederum ein doppeltes Gebiet. Sie kann sich auf die innere Gesinnung oder bloss auf die äusseren Handlungen erstrecken. Wenn sie nicht die Handlungen, sondern deren Maximen bestimmt, ist sie **Tugendlehre**, wenn sie bloss für das äussere Verhalten Gesetze gibt, ist sie **Rechtslehre**.

Das Recht, das ein unbedingtes Gesetz der Vernunft ist, erfordert zu seiner Wirklichkeit die peremptorische Geltung im **Staate**. Die Staatstheorie ist also ein Teil der Rechtslehre. Sofern die Rechtsgesetze, die den Staat konstituieren, Vernunftgesetze sind und als solche a priori gelten, ist die innerhalb des Systems der Vernunft sich ergebende „Form des Staats die eines Staats überhaupt d. i. **der Staat in der Idee, wie er nach reinen Rechtsprinzipien sein soll, welche jeder wirklichen Vereinigung zu einem gemeinen Wesen (also im Innern) zur Richtschnur dient.**"**)

II. Der Staat nach Prinzipien der Vernunft.
a. Die Freiheit und das Recht.

Das praktische Verhalten der Menschen gehört in das Reich der Freiheit. Mit den Mitteln der theoretischen (spekulativen) Vernunft ist die Freiheit nicht zu erweisen. Denn diese ist, was den **Inhalt** ihrer Erkenntnisse betrifft, durchaus auf die Erfahrung beschränkt. Auf dem Gebiete der Erfahrung aber ist die durchgängige Geltung des Causalitätsgesetzes diejenige Bedingung, ohne die überhaupt keine apriorische Erkenntnis des Erfahrbaren möglich ist.

Nur durch die praktische Vernunft wird die Existenz einer freilich nicht in die erfahrbare Welt der Erscheinungen sondern in die denknotwendige Welt der Vernunftdinge fallende Freiheit zwar nicht bewiesen aber postuliert. Sie muss als diejenige Bedingung angenommen werden, unter

---
*) Kr. d. r. V., herausgeg. v. Kirchmann, S. 647.
**) Met. Aufsgründe der Rechtsl., „ S. 151/52.

der allein die Thatsache des Sittengesetzes möglich ist. Ein seines Namens würdiges Sittengesetz muss unbedingte Geltung für alle vernünftigen Wesen haben und muss den Grund seiner Befolgung in sich selbst tragen, sonst wäre das Handeln nicht sittlich. Dieses Sittengesetz existiert und wir sehen es in den mannigfaltigsten moralischen Beurteilungen wirksam. Aus der Erfahrung kann es nicht abgeleitet werden, weil ihm sonst die unbedingte Geltung fehlte und es zu der Befestigung seiner Autorität und als Motiv seiner Befolgung falscher, unreiner Triebfedern bedürfte. Das Sittengesetz, das mit dem Anspruch unbedingter Geltung auftritt und um seiner selbst willen verwirklicht werden kann, ist nur dadurch möglich, dass es aus der Vernunft stammt, dass der Wille als reine praktische Vernunft sich selbst das Gesetz gibt, m. a. W. dadurch, dass der Wille autonom ist. Denn nur ein Vernunftgesetz hat unbedingte Geltung und nur ein selbstgegebenes Gesetz kann der Wille aus selbstlosen Motiven erfüllen. Diese **Autonomie des Willens ist identisch mit der Freiheit.** Die Freiheit ist nicht schrankenlose Willkür, sondern das Vermögen der Vernunft sich selbst Gesetze zu geben und diese Gesetze auszuführen. So ist denn das Sittengesetz der Erkenntnisgrund *(ratio cognoscendi)* der Freiheit, die Freiheit der Realgrund *(ratio essendi)* der Sittlichkeit.*)

Der Begriff der Freiheit fordert den Begriff des Rechts. Formell betrachtet ist nämlich die Freiheit die Fähigkeit des einzelnen Subjekts, nach eigenem Gutdünken zu handeln, ohne hierin von der Meinung des anderen abzuhängen. Wenn jeder von diesem Vermögen Gebrauch machte, so wie es in seiner Macht steht, wäre zu erwarten, dass dadurch die Freiheit der Einzelnen gehemmt und ein die Entfaltung der berechtigten Freiheit ermöglichendes Zusammensein gestört würde. Auf diese Weise höbe die Freiheit sich selbst auf. Sie muss sich also selbst diejenige Schranke auferlegen, durch die ihre allgemeine Geltung aufrecht erhalten wird. Innerhalb dieser Schranke liegt ihr Recht, ausserhalb derselben ihre Pflicht, nämlich die Freiheit der anderen zu respektieren. Das Recht ist also eine Konsequenz der Freiheit, die Pflicht ein Gebot zu ihrer Selbsterhaltung. **Das Recht ist der Inbegriff der Bedingungen, unter denen die Willkür des Einen mit der**

---
*) Kr. d. pr. V., herausgeg. v. Kehrbach, Vorrede S. 2.

Willkür des Anderen nach einem allgemeinen Gesetze der Freiheit zusammen vereinigt werden kann.*)

b. Die Grundlage und der Zweck des Staates.

Das Recht — wenn es nicht ein Phantom sein soll — erfordert zu seiner Wirklichkeit die öffentliche Geltung. Um diese herbeizuführen, ist ein Wille nötig, der diese Geltung proklamiert. Dieser Wille kann nicht der eines Einzelnen sein, weil das der Freiheit nach allgemeinen Gesetzen Eintrag thun würde, so dass die öffentliche Geltung des Rechts auf einem Unrecht beruhte. Es kann nur der übereinstimmende und vereinigte Wille der Gesamtheit sein; denn nur indem alle über alle und somit ein jeder über sich selbst beschliesst, ist Bürgschaft gegeben, dass keinem Unrecht geschieht. Indem dieser Wille der Gesamtheit das Recht zum Gesetz erhebt, verwandelt er die des unbedingt geltenden Rechts zuvor entbehrende natürliche Gesellschaft der Menschen zu einer bürgerlichen Gesellschaft, zu einem Staate, wo das provisorische Recht peremptorisch wird, bei Rechtsstreitigkeiten ein kompetenter Richter sich findet, jedem das Seine zugeteilt und durch hinreichende Macht beschützt wird. Wo das Rechtsgesetz Geltung hat, da herrscht die Gerechtigkeit. Die Gerechtigkeit ist also konstitutiv für den Staat, der „eine Vereinigung einer Menge von Menschen unter Rechtsgesetzen ist."**)

Die Vernunft gebietet, Recht und Gerechtigkeit sollen herrschen auf Erden. Der Staat, in dem die Gesetze öffentliche Geltung haben, verwirklicht dies Gebot. Demgemäss darf der Zweck des Staates nicht in die Beförderung des Wohls und der Glückseligkeit der Staatsbürger gesetzt werden. Denn die Verschiedenheit dessen, was ein jeder für Glückseligkeit hält, lässt nicht zu, dass man sie zum Prinzip der Gesetzgebung macht. Ausserdem würde aus einem solchen Prinzip für die Unterthanen das Recht folgen, eine Regierung, die nicht auf ihr Wohl bedacht ist, zu stürzen. Nichts anderes als die Verwirklichung der Gerechtigkeit kann der Zweck des Staates sein, wenn anders er auf allgemeingiltigen Vernunftprinzipien auferbaut sein soll und dem apriorischen Rechts- und Freiheitsgesetz genügen will. Der Satz: *salus publica suprema*

---

*) Met. Anfgsgründe der Rechtsl. h. v. Kirchm. S. 31/32.
**) Met. Anfgsgründe der Rechtsl. § 45 u. 46, S. 151/52.

civitatis lex est bleibt in seinem unverminderten Wert und Ansehen, aber das öffentliche Heil, welches zuerst in Betracht zu ziehen steht, ist gerade diejenige gesetzliche Verfassung, die jedem seine Freiheit durch Gesetze sichert*), der Zustand der grössten Uebereinstimmung der Verfassung mit Rechtsprinzipien. Dabei kann es freilich geschehen, dass die Glückseligkeit im Naturzustande oder auch unter einer despotischen Regierung viel behaglicher und erwünschter ausfallen kann.**)

Aus dem Zwecke des Staates für die Geltung der Gesetze d. i. für die Gerechtigkeit zu sorgen, fliesst seine Befugnis denjenigen, der das Recht verletzt und sich dadurch um seine Würde als Staatsbürger gebracht hat, zu b e s t r a f e n. Setzt man den Zweck des Staates in die Beförderung der Glückseligkeit und leitet man seine Strafgewalt davon ab, so muss man die Strafe als ein Mittel zu der Besserung des Verbrechers oder zu dem Wohle der Gesamtheit ansehen. Woher aber nimmt denn der Staat das Recht den Verbrecher, der auch als Verbrecher wenn schon Staatsbürger so doch nicht vernunftbegabte Person zu sein aufhört, nicht als Verbrecher sondern als Mittel zu solchen Absichten zu gebrauchen? Dagegen ist der Verbrecher geschützt durch seine angeborene Persönlichkeit. Auf diese Weise kommt man zu keiner vernunftgemässen Begründung der Strafgerechtigkeit. „Das Strafgesetz ist ein kategorischer Imperativ, und wehe dem, welcher die Schlangenwindungen der Glückseligkeitslehre durchkriecht, um etwas auszufinden, was durch den Vorteil, den es verspricht, ihn vor der Strafe oder auch nur einem Grade derselben entbinde, nach dem pharisäischen Wahlspruch: „es ist besser, dass e i n Mensch sterbe als dass das ganze Volk verderbe"; denn wenn die Gerechtigkeit untergeht, so hat es keinen Wert mehr, dass Menschen auf Erden leben".***)

Die Gerechtigkeit kennt für den Grad der Bestrafung kein anderes Prinzip als das der Gleichheit. Ist das Züngleinan der Wage der Gerechtigkeit verrückt worden, so muss es in seinen ursprünglichen Stand zurückgeführt werden und dabei wird es eine ebenso grosse Strecke zurücklegen müssen bis zu seinem Normalpunkt wie ehedem von da bis zu dem Punkt der Abweichung. Der

---

*) Theorie und Praxis, S. 126.
**) Met. Anfgsgr. der Rechtsl. S. 157.
***) Met. Anfgsgr. der Rechtsl. S. 173/74.

Verbrecher erhält genau, was er verdient hat. Das Strafrecht ist Wiedervergeltungsrecht im Sinne der alttestamentlichen Formel: „Auge um Auge, Zahn um Zahn." Darin liegt die Rechtmässigkeit der Todesstrafe eingeschlossen. Hat einer gemordet, so muss er sterben. Es gibt hier kein Surrogat zur Befriedigung der Gerechtigkeit. Die Todesstrafe allein steht auch im richtigen Verhältnis zu der inneren Bösartigkeit des Verbrechers. Wenn z. B. von 2 aus verschiedenen Gründen todeswürdigen Verbrechern der eine den Tod einem schimpflichen Leben vorzieht und der andere ein mit Schande bedecktes Leben für besser hält als gar nicht zu sein, so ist offenbar der erstere weniger strafbar, weil ihm die Ehre höher steht als das Leben, und er wird, wenn man die Todesstrafe an ihm vollzieht, gelinder bestraft als der andere, dem durch den Vollzug der Todesstrafe mit der seiner Niederträchtigkeit gebührenden Härte begegnet wird.*) Nur solche Strafen sind verpönt, also auch solche Todesarten, die die Menschheit in der leidenden Person, die doch immer als vernunftbegabtes Wesen respektiert werden muss, zum Scheusal machen könnten.**)

c. Der rechtliche Ursprung des Staates.

Der geschichtliche Ursprung des Staates kann nicht nachgewiesen werden; denn die Wilden errichten keine Urkunde über ihre Unterwerfung unter ein allgemeines Gesetz. Jedenfalls ist es wahrscheinlicher, dass sie durch Gewalt zu stande gekommen ist als durch ein friedliches Uebereinkommen. Indessen rechtlich kann der Akt, durch den ein Gemeinwesen sich konstituiert, nicht anders vorgestellt werden, denn als die Errichtung eines Vertrags, durch den alle Einzelnen sich verpflichtet haben aus der gesetzlosen Freiheit und wilden Ungebundenheit des Naturzustandes herauszugehen und ihre Freiheit — die unvermindert bleibt, weil sie einem selbstgegebenen Gesetz sich unterwirft -- in der gesetzlichen Abhängigkeit eines bürgerlichen Zustandes zu bethätigen. So allein wird Einstimmigkeit der persönlichen Freiheit mit der Freiheit aller anderen nach einem allgemeinen Gesetze erzielt, und das ists ja, wozu das vernunftgemässe Recht die Menschen verbindlich macht.

---
*) Met. Aufgsgr. der Rechtsl.. S. 176; — **) ebenda S. 175.

Warum muss man sich das so vorstellen? Die Vernunft vindiziert jedem Einzelnen die Freiheit und mit der Freiheit das Recht ihres Gebrauchs; hiermit ist aber, und zwar ohne dass man die Erfahrung zu fragen brauchte, wenigstens die Möglichkeit ihres Missbrauchs und der Rechtsverletzung gegeben. Will daher „der Einzelne nicht allen Rechtsbegriffen entsagen, so muss das Erste, was ihm zu beschliessen obliegt, der Grundsatz sein, man müsse aus dem Naturzustand, in welchem jeder seinem eigenen Kopfe folgt, herausgehen und sich mit allen anderen (mit denen in Wechselwirkung zu geraten er nicht vermeiden kann) dahin vereinigen, sich einem öffentlichen gesetzlichen äusseren Zwang zu unterwerfen."*)

Dass es sich so verhalten hat, ist unwahrscheinlich; ob es sich so verhalten hat, ist gleichgiltig, und dem Unterthanen ist es verboten, darüber zu vernünfteln und am Ende gar praktische Folgerungen aus der Bejahung oder Verneinung der Frage zu ziehen. Das rationale Recht ist nach den Direktiven ihrer einzigen Autorität, der Vernunft, genötigt, sich eine solche Vorstellung von der Sache zu machen, natürlich nicht um sich das Vergnügen der Produktion und Anschauung eines müssigen Hirngespinstes zu verschaffen, sondern um aus der obersten Quelle aller Gesetzgebung ein Gesetz für das gesellschaftliche Zusammensein und praktische Verhalten zu gewinnen. **Die Vorstellung eines ursprünglichen Vertrags hat den Wert und die Bedeutung einer regulativen Idee.** Die Ideen der spekulativen Vernunft sind Aufgaben, die der wissenschaftlichen Arbeit gesetzt sind, sofern diese die Einheit und Vollständigkeit unserer Erkenntnis anstrebt. Hier haben wir eine Idee der praktischen Vernunft, die für den Staatsmann und Politiker die Aufgabe enthält, die Vernunftgemässheit der Gesetze und staatlichen Institutionen anzustreben d. h. nur solche Gesetze zu erlassen, die dem gemeinsamen Willen des vereinigten Volkes entsprungen sein könnten. Dabei enthält diese Idee zugleich einen Beurteilungsmasstab für das Bestehende, einen Prüfstein, ob die Gesetze gerecht oder ungerecht sind und das aus ihr zur Beurteilung des gegenwärtigen und zur Anbahnung des Zukünftigen sich ergebende Prinzip lautet: „was das Volk (die ganze Masse der Unterthanen) nicht über sich selbst und seine Genossen beschliessen kann,

---

*) Met. Aufsgsgründe d. Rechtsl. § 44, S. 150.

das kann auch der Souverain nicht über das Volk beschliessen."*)

Nach dieser Norm ist der Erbadel als ein Stand geborener Beamter und Befehlshaber zu verwerfen. Es ist undenkbar, dass ein Volk seine Freiheit so missachte, dass es einen derartigen Widersinn, wie er in der Prätension angeerbter Führerrollen enthalten ist, billigen könnte. Daher kann der Souverain keine derartigen Prärogativen schaffen. Wo sie bestehen, soll man nur den Titel provisorisch fortdauern lassen „bis selbst in der öffentlichen Meinung die Einteilung in Souverain, Adel und Volk der einzigen natürlichen in Souverain und Volk Platz gemacht haben wird.**)

Ebensowenig kann die obrigkeitliche Gewalt beschliessen, dass das Volk keine kirchlichen Reformen vornehmen dürfe. Denn das Volk kann niemals der Aufklärung, diesem höchsten Gute der Menschheit, entgegensein. In kirchliche Angelegenheiten soll sich der Staat überhaupt nicht mischen, um sich nicht mit den Unterthanen auf gleichen Fuss zu setzen und dadurch seiner Würde etwas zu vergeben. Nur für das friedliche Nebeneinander der Konfessionen und für die Beschränkung der Kirche auf ihre eigenen Angelegenheiten hat er Sorge zu tragen.***)

d. Die rechtmässige Verfassung des Staats.
1. Die Trennung der Gewalten.

Die Idee der Gerechtigkeit ist konstitutiv für den vernunftgemässen Staat. Gerechtigkeit herrscht da, wo das Gesetz unbedingte Geltung hat. Damit es diese hat, muss es erlassen, ausgeführt und auf den einzelnen Fall angewendet, endlich als Norm für die Rechtsprechung gehandhabt werden. Der die Gerechtigkeit verwirklichende Staat vereinigt demnach 3 Gewalten in sich: die **gesetzgebende** Gewalt, die man auch die Herrschergewalt (Souverainität) nennen kann, weil das Gesetz allein herrscht; die **vollziehende** oder Regierungs-Gewalt und die **rechtsprechende** oder richterliche Gewalt. Die eine ergänzt die andere zur Vollständigkeit der Staatsverfassung. In ihrer Würde betrachtet, heisst es von ihnen: Der Wille des Gesetzgebers in Ansehung dessen, was das äussere

---

*) Met. Aufgsgründe der Rechtsl. S. 170. — **) Ebenda S. 171. — ***) Ebenda S. 168.

Mein und Dein betrifft, ist untadelig, das Ausführungsvermögen des Oberbefehlshabers unwiderstehlich, und der Rechtsspruch des obersten Richters unabänderlich.*) In dem vernunftgemässen Rechtsstaat herrscht das Gesetz. Dieses wird vom vereinigten Willen des Volkes gegeben, also ist die Herrschergewalt beim Volke, mithin das Volk souverain. Die Glieder einer solchen zur Gesetzgebung vereinigten Gesellschaft heissen S t a a t s b ü r g e r. Aus dieser Eigenschaft folgen für sie die 3 Attribute der politischen F r e i h e i t, der bürgerlichen G l e i c h h e i t und der S e l b s t ä n d i g k e i t. Wo man keinem anderen als dem selbstgegebenen Gesetz gehorcht, ist Freiheit. Sie schliesst für den Staatsbürger als Menschen das Recht ein, nach Belieben die Förderung des persönlichen Wohles anzustreben, solange er dabei mit dem selbstgegebenen Gesetz im Einklang bleibt und keinen anderen in seinem auf die gleichen Zwecke gerichteten Bemühen rechtswidrig stört. Eine Regierung, die für diese privaten Zwecke der Unterthanen sorgen wollte, wäre despotisch. — Wo alle denselben Gesetzen unterworfen sind und keiner einen Oberen anzuerkennen braucht, der davon ausgenommen wäre und etwa nur Rechte ohne Pflichten in Anspruch nähme — da herrscht die bürgerliche Gleichheit, die bestehen kann und bestehen soll trotz der Ungleichheit an geistiger Begabung und irdischen Glücksgütern. Aber es folgt daraus, dass jeder Unterthan zu jeder erreichbaren Stufe eines Standes im Staate muss gelangen können, und dass keine erblichen Prärogativen irgend welcher Mitunterthanen ihm hindernd im Wege stehen dürfen; denn sonst dürften diese zwingen ohne durch anderer Gegenwirkung wiederum gezwungen zu werden, hätten Rechte und nur beschränkte Pflichten, dürften über die Stufe von blossen Mitunterthanen hinausgehen. — Wer in seiner Existenz nicht von der Willkür eines anderen abhängt, sondern sie seinen eigenen Rechten und Kräften als Glied eines Gemeinwesens verdankt, erfreut sich der bürgerlichen Selbständigkeit und damit des Rechts, in Rechtsangelegenheiten sich selbst zu vertreten. — Nur diejenigen, die diese 3 Attribute in sich vereinigen und an der gesetzgeberischen Stimmgebung teilnehmen, sind a k t i v e Staatsbürger; die anderen, z. B. wirtschaftlich Abhängige, Minderjährige, alle Angehörigen des weiblichen Geschlechts, sind nicht Glieder sondern

---

*) Ebenda § 45, S. 152 u. § 48, S. 155.

nur Teile des Staatswesens, nicht aktive sondern p a s s i v e Staatsbürger, haben zwar auf Freiheit und Gleichheit aber nicht auf bürgerliche Selbständigkeit Anspruch und sind demnach nur S c h u t z g e n o s s e n des Staats. Doch mit Ausnahme der Frauen haben sie das Recht, sich aus der passiven zur aktiven Staatsbürgerschaft emporzuarbeiten.

Die 3 Gewalten müssen notwendig von einander g e t r e n n t sein, so dass keine die Funktion der anderen usurpiert. Der Beherrscher (Gesetzgeber) des Volks kann nicht zugleich das Gesetz ausführen, kann nicht zugleich der Regent sein; denn der Regent steht unter dem Gesetz und ist ihm verpflichtet. Es würde der Gerechtigkeit Hohn sprechen, wenn derselbe, der die Gesetze ausführt, sie auch zu geben befugt wäre. Nicht einer Herrschaft der Gesetze, sondern der Willkür wäre damit Thür und Thor geöffnet. Ein innerer Widerspruch wäre es ferner, wenn die gesetzgebende Gewalt ein Zwangsrecht an der ausführenden (der Gesetzgeber am Regenten) ausüben wollte, weil das Zwangsrecht eben bei der Regierungsgewalt steht. Endlich kann weder der Staatsherrscher noch der Regent richten. Zwar die Anwendung des Gesetzes auf den bestimmten Fall obliegt den vom Regenten eingesetzten Organen, aber die Sentenz, die auf schuldig oder nicht schuldig erkennt, kann nur durch das Volk selbst vermittelst der von ihm freigewählten Richter ausgesprochen werden; denn jede der beiden anderen Gewalten könnte Unrecht thun; das widerspräche nicht nur der Würde des Staatsoberhauptes, sondern der für den Staat grundlegenden Gerechtigkeit.*)

Diese wird also in ihrem ganzen Umfang nur dann aufrecht erhalten und in ihrer unbedingten Geltung nur dann verbürgt, wenn die einzelnen in ihrem Begriffe liegenden Gewalten von einander getrennt sind.

Hört man die Idee eines ursprünglichen Vertrags über unsere Frage ab, so erhellt sofort, dass gerade sie, dieser subtile Prüfstein für die Rechtmässigkeit der öffentlichen Institutionen, diese solideste Grundlage für einen vernünftigen Ausbau der Verfassung, diese Hüterin der Gerechtigkeit, jene Trennung der Gewalten fordern muss, und dass sie es ist, welche die Unterthanen mit der Würde freier, gleicher, selbständiger Staatsbürger ausstattet, weil sie ihnen das Stimmrecht in der öffentlichen Gesetzgebung erteilt.

---
*) Ebenda § 46—49, S. 152—157.

2. Die reine Republik.

Die legislative Gewalt muss von der exekutiven getrennt sein. Sie muss, soll unabhängig von Personen, unbeeinflusst von Sonderinteressen bloss Gerechtigkeit herrschen, beim vereinigten Volkswillen liegen. Wie bringt sich der zur Geltung? Er wird ausgesprochen und zum öffentlich geltenden Gesetz erhoben durch die Abgeordneten des Volkes, die im Namen aller Staatsbürger die Rechte des Volkes besorgen. Wo auf Grund der Trennung der Gewalten eine Volksvertretung besteht, da ist eine reine Republik; „alle wahre Republik aber ist und kann nichts anderes sein, als ein repräsentatives System des Volkes."*) Die reine Republik ist also nicht als eine besondere Staatsform sondern als eine und zwar als die einzig rechtmässige Regierungsart anzusehen.

Die verschiedenen Staatsformen ergeben sich dadurch, dass das jene 3 Gewalten vereinigende Staatsoberhaupt, der vereinigte Volkswille, durch eine oder mehrere physische Personen verkörpert ist. Dieser vereinigte Volkswille, dessen 3 verschiedene Verhältnisse jene 3 Gewalten zum Ausdruck bringen, ist nur eine Idee der Vernunft; in Wirklichkeit ist das Volk aus vielen Einzelnen zusammengesetzt und als Objekt jenem Oberhaupte unterworfen. So ergiebt sich der Unterschied zwischen einem Staatsoberhaupt und den Unterthanen. Das Verhältnis ist auf dreierlei verschiedene Art denkbar: „entweder dass Einer im Staate über alle, oder dass Einige, die einander gleich sind, vereinigt über alle anderen, oder dass alle zusammen über einen jeden, mithin auch über sich selbst gebieten, d. i. die Staatsform ist entweder autokratisch oder aristokratisch oder demokratisch."**)

Die Autokratie, welche sich von der Monarchie dadurch unterscheidet, dass der Autokrat selbst der Souverain ist, während der Monarch ihn nur repräsentiert, ist die einfachste und was die Handhabung des Rechts betrifft auch die beste, freilich auch die gefährlichste für das Volk, weil sie den Herrscher zum Despotismus d. h. dazu einlädt, seinen persönlichen Willen statt den des Volkes zum Gesetz zu machen und so eine Willkürherrschaft zu etablieren. Die komplizierteste Form ist die Demokratie. Diese ist sehr zu unterscheiden von der reinen Republik, der sie direkt entgegengesetzt ist. Denn in der Demokratie

---
*) Ebenda § 52, S. 184. — **) Ebenda § 51, S. 181/82.

besteht durch das Zusammenfallen der Legislative und Exekutive eine despotische Regierungsart.*)

Die reine Republik als die einzig rechtmässige Art der Regierung und die Autokratie als die einfachste Form der Beherrschung widerstreiten einander nicht, sondern ergeben in gegenseitiger Verbindung die beste Verfassung. Der Republikanismus als repräsentatives System des Volkes garantiert die Rechtmässigkeit der Gesetze, die Autokratie die beste Handhabung des Rechts.

Auf welchem Wege sind Aenderungen der Staatsform oder der Regierungsart im Sinne dieser Vernunftideen zu erstreben? Weder darf der Souverain dem Volke nach seinem Belieben eine Verfassung aufnötigen und selbst wenn es eine Demokratie wäre; noch darf das Volk durch Aufstand oder Revolution eine Verfassungsänderung erzwingen. Denn im 1. Fall geschähe dem Volk, das eine Demokratie verabscheut, Unrecht, und im 2. würde vom Volk eine Zwangsgewalt in Anspruch genommen, die alle staatliche Ordnung von Grund aus zerstören muss, weil diese Gewalt allein dem Regenten zusteht und niemals dem Gesetzgeber. Ist eine Verfassungsänderung notwendig, dann kann sie nur durch den Souverain selbst auf dem Wege der Reform angebahnt und durchgeführt werden. Hiefür kann es nur ein Ziel geben, nämlich die Verfassung immer mehr mit der Idee eines ursprünglichen Vertrags in Einklang zu bringen, mit jener Idee, die für die Regierungsart des Staatsoberhauptes verbindliche Norm ist, noch ehe der Wortlaut der Verfassung mit dem Geiste jener Idee zusammenstimmt. Wenn es hierbei irrt, — und es vom Irrtum frei zu halten, hiesse ihm übermenschliche Fähigkeiten und himmlische Eingebungen zuschreiben — so gibt es für den Staatsbürger nur die einzige „Befugnis, seine Meinung über das, was von den Verfügungen des Oberherrn ihm ein Unrecht gegen das gemeine Wesen zu sein scheint, öffentlich bekannt zu machen." „Die Freiheit der Federn ist das einzige Palladium der Volksrechte."**)

Wo aber das Volk durch Deputierte im Parlament und der Regent (als Inhaber der ausübenden Gewalt) durch Minister vertreten und den Vertertern der gesetzgebenden Gewalt ein Widerstandsrecht eingeräumt ist, da kann es nur ein passiver Widerstand sein, den

---

*) Z. ew. Frieden, 2. Absch., 1. Art., S. 162.
**) Theorie u. Praxis, S. 133.

sie ausüben durch Verweigerung gewisser Forderungen der Regierung. Die Geltendmachung desselben ist ein Zeichen der Gesundheit des politischen Lebens.

Ist einmal eine Revolution gelungen, so entbindet die Unrechtmässigkeit des Beginnens und der Vollführung einer neuen Verfassung die Unterthanen nicht von der Pflicht, der bestehenden Gewalt zu gehorchen.*)

e. Die Staaten in ihrem gegenseitigen Verhältnis.

Wenn ein Volk unter Rechtsgesetzen vereinigt und nach Rechtsgesetzen organisiert ist, bildet es einen Staat. Nun soll aber das Recht gelten nicht nur in einem einzelnen Volk, sondern bei allen vernunftbegabten Menschen; denn Recht und Gerechtigkeit sind allgemeingiltige Forderungen der Vernunft. Sie würden erfüllt, wenn die ganze Menschheit nach der Idee eines ursprünglichen Vertrags sich einem gemeinsamen Gesetze unterwürfe. Dadurch entstünde ein alle Völker der Erde umfassender Völkerstaat, eine Weltrepublik. Indes wie wäre es möglich, ein so ungeheueres Staatswesen zu regieren oder auch nur jedes einzelne Glied desselben genügend zu beschützen?

Es wird also schon deshalb, dann aber auch wegen der Verschiedenheit der Religion und Sprache, stets mehrere Staaten als rechtlich organisierte Einzelvölker geben. So, wie uns ihr gegenseitiges, meist selbstsüchtiges und kriegerisches Verhalten bekannt ist, muss es beurteilt werden wie der Naturzustand der Menschen, wo jeder seine schrankenlose Freiheit sucht und den anderen durch sein blosses (nicht an Rechtsgesetze gebundenes) Dasein lädiert. Das widerstreitet den Gesetzen der Vernunft. Wie die einzelnen Menschen sollen auch die Staaten sich nach der Idee eines ursprüuglichen Vertrags miteinander vereinigen und zu einem B u n d e zusammentreten, in dem jedem unverkürzt sein Recht zu teil wird. Dann beherrscht die Gerechtigkeit das Verhältnis der Staaten zu einander.

Wäre diese Idee verwirklicht, dann herrschte e w i g e r F r i e d e, dann würden die Völker ihre Streitigkeiten auf civile Art gleichsam durch Prozess vor einem Völkerareopag, nicht auf barbarische Weise durch Krieg entscheiden. Der

---

*) Met. Anfangsgrd. d. Rechtsl., Allgem. Anm. A., S. 163.

Krieg als der Zustand der grössten Ungerechtigkeit kann auf keine Weise vor dem Forum der Vernunft gerechtfertigt werden. So lange freilich jene Staatenvereinigung nicht zu stande gekommen ist, ist Krieg der einzig mögliche Weg, auf dem ein in seiner Existenz lädierter, mithin im Verteidigungszustand befindlicher Staat sein Recht verfolgen kann. Indessen ist er jederzeit so zu führen, dass die Erreichung jenes vernünftigen Ziels, der ewige Friede, nicht unmöglich gemacht wird. Feindseligkeiten, die das gegenseitige Vertrauen und die Achtung untergraben, müssen daher durchaus vermieden werden.

Eine der vornehmsten Bedingungen zum ewigen Frieden ist das Bestehen **republikanischer Verfassungen**. In diesen haben die Staatsbürger ihre Zustimmung zum Krieg zu geben. Während ein autokratischer Despot den Krieg nur allzuleicht wie eine Lustpartie ansieht und unternimmt, werden sich die Staatsbürger wohl bedenken ein so schlimmes Spiel anzufangen und alle Drangsale eines Kriegs, Gefahr für Eigentum und Leben, eine den künftigen Frieden verbitternde Schuldenlast etc. über sich zu beschliessen. Darum heisst es da: „trachtet allererst nach dem Reiche der reinen praktischen Vernunft und nach seiner **Gerechtigkeit**, so wird euch euer Zweck (die Wohlthat des ewigen Friedens*) von selbst zufallen." Indem übrigens die Natur ganz ohne, ja oft gegen den Willen der Menschen diese einzig rechtmässige Verfassung herbeiführt, garantiert sie die Ausführbarkeit jener Idee. Die selbstsüchtigen Neigungen der Menschen werden von der Natur benützt, um den Zweck der Vernunft, die Herrschaft des Gesetzes, zu verwirklichen. Die Not, der gegenseitige Antagonismus zwingt die Menschen, die sonst für die ungebundene Freiheit so sehr eingenommen sind, der wilden Freiheit, die sie nicht lange nebeneinander bestehen lässt, diejenigen Schranken aufzulegen, in denen das Zusammenbestehen der Freiheit des Einzelnen mit jedermanns Freiheit gesichert ist. Die wirklich vorhandenen, oft noch sehr unvollkommen organisierten Staaten nähern sich doch schon dem, was die Rechtsidee vorschreibt. Gleichwie der Antagonismus der Einzelnen so nötigt auch der der Völker zur Staatenbildung; denn in der rechtlichen Organisation eines Volks besteht auch seine grösste Macht nach aussen.

---

*) Z. ew. Frieden, 2. Ab. Anhg. I, S. 195.

Und wiederum der Selbstsucht bedient sich die Natur wie zur Verwirklichung der Staatsidee als einer Bedingung zum ewigen Frieden so zur Verwirklichung des letzteren selbst. Denn aus der Selbstsucht entwickelt sich der Handelsgeist, der die Völker verbindet und zu seiner ungehemmten Entfaltung des Friedens bedarf.*)

Mag trotzdem die Idee des ewigen Friedens unausführbar erscheinen, sie bleibt bestehen nicht nur als das Ziel dem alle menschliche Entwickelung durch den Mechanismus der Natur entgegengetrieben wird, sondern als ein Vernunftzweck und als eine Aufgabe, zu deren Lösung die vernünftige Einsicht und das praktische Handeln der Menschheit verpflichtet ist. Ist jener ewige Friede verwirklicht, so erfreut sich die Menschheit des höchsten politischen Gutes, so ist d a s tausendjährige Reich, das die Philosophie der reinen Vernunft anzukünden vermag, auf Erden erschienen.

---

*) Z. ew. Frieden, 2 u. 3 def. Art.

§ 2.
Hegel.

I. Der Staat im Entwicklungsprozess der Vernunft.*)

Der Panlogismus, wie man die Philosophie Hegels genannt hat, geht von der durch das Ergebnis der denkenden Betrachtung aller Wirklichkeit gerechtfertigten Voraussetzung aus, dass nur die Vernunft Realität habe und alles wahrhaft Wirkliche eine Gestaltung der Vernunft sei. Die Vernunft, die den einzigen weil alle anderen beherrschenden Gegenstand dieser Weltanschauung bildet, durchläuft, ideell nicht reell, einen langen Prozess der Entwickelung, indem sie aus ihrem Ansichsein in das Anderssein umschlägt, um endlich zum Fürsichsein zurückzukehren. Die Philosophie begleitet mit denkender, begreifender Betrachtung die Vernunft auf diesem Wege und gliedert sich jenen 3 Stufen entsprechend in die Logik, in die Naturphilosophie und in die Philosophie des Geistes.

Die **Logik** beschäftigt sich mit der Vernunft in ihrem Ansichsein und zeigt, wie der „Logos" ein Reich ewiger Wahrheiten, die Gesetze und Formen (Kategorien) des Denkens und des Denkbaren, nach einer durch die dialektische Methode erkennbaren wohlgegliederten Ordnung in sich befasse.

Die Vernunft in ihrem Anderssein, in ihrer Aeusserlichkeit ist die Natur, als diejenige Existenzweise der Vernunft, in der sie sich als das gesetzt hat, was sie an sich ist, in der sie ihren Inhalt „frei aus sich entlassen" und in den 1000 Formen und stufenförmig geordneten Gestalten des natürlichen Daseins ausgeprägt hat. Die Vernunft, als das die räumlich-zeitliche Welt durchwaltende, in der Notwendigkeit ihrer Gebilde und in der **Teleologie**

---
*) Erdmann, die Entwicklg. der deutschen Spekulation seit Kant. II § 47—53.

ihrer Bestimmung sich manifestierende unwandelbare Gesetz zu begreifen, ist die von der Naturphilosophie gelöste Aufgabe.

Indessen wie wahr es auch ist, dass die Natur allenthalben Vernunft offenbart, so finden sich in ihr, ob der Ohnmacht den nach Existenz ringenden Begriff jederzeit festzuhalten, manche Zufälligkeiten und allerlei Missbildungen. Die Vernunft hat also hier eine ihrem Wesen durchaus angemessene Existenz nicht gefunden. Diese erstrebt sie, indem sie aus jenem Anderssein in sich zurückkehrt und im Fürsichsein als Geist existiert. Die Philosophie des Geistes zeigt, wie die Vernunft im *subjektiven* Geist sich von der Naturgrundlage, auf der sie im Individuum fusst, immer völliger emanzipiert, um im Selbstbewusstsein denkend ihrer selbst gewiss zu werden und in der Selbstbestimmung als freie Intelligenz sich selbst zum Inhalt und Zweck des Wollens zu haben, — wie sie als *objektiver* Geist im Recht, in der Moral, in den sittlichen Institutionen der Ehe und des Staates und in der Geschichte, eine neue vernünftig-sittliche Welt, gleichsam eine zweite Natur hervorbringt, in der ihr Begriff, die Freiheit, verwirklicht ist, — wie sie von allen Widersprüchen, die ihr als subjektivem Geist im Verhältnis zur natürlichen Welt, als objektivem Geist im Verhältnis zu den natürlichen Trieben und Neigungen entgegentreten, befreit im *absoluten* Geist mit sich selbst versöhnt ist und ihrer, aller Schranken überhobenen Unendlichkeit bewusst wird, eine Versöhnung, eine Ueberwaltung des Endlichen durch das Unendliche, die in der Kunst angeschaut, in der Religion vorgestellt, in der Philosophie gedacht wird.

Der Staat ist also eine Szene in dem grandiosen Tableau, in dem die Vernunft die Fülle ihres Inhalts vor den Augen des Denkers aufrollt, eine Etappe auf dem abwechslungsreichen Weg, den die Vernunft sich selbst entfaltend zurücklegt, eine der gewaltigen Hervorbringungen, zu denen ihre innere, unerschöpfliche Gestaltungskraft sie nötigt.

II. Der Staat als Organisation der Vernunft.
a. Die Freiheit und das Recht.

Der Geist, der sich im Recht, in der Moral, in den sittlichen Institutionen des ehelichen und staatlichen Lebens und in der Geschichte eine zweite Natur schafft, sich objektiviert, hat den Ort seiner selbstbewussten Existenz und den

Ausgangspunkt seiner Wirksamkeit doch nur im subjektiven Geiste. Dieser als theoretischer und praktischer Geist ist seinem innersten Wesen nach frei.*)

Als theoretischer Geist, der sich anfänglich durch Gegebenes bestimmt und erfüllt vorfindet, erhebt er sich durch Anschauung und Vorstellung zum reinen Denken — das bei dieser Thätigkeit sich praktisch verhält —, abstrahiert auf diesem Wege immer vollständiger von dem von aussen her dargebotenen Inhalt und gelangt endlich im reinen Denken zu ausschliesslich selbstproduzierten Allgemeinheiten, ist demnach hier nicht mehr durch etwas ihm Fremdes, sondern lediglich durch sich selbst erfüllt und bestimmt. In diesem Verhalten liegt die Möglichkeit dessen, was man im wahren Sinne Freiheit nennen kann.

Wirklichkeit erlangt diese Freiheit dadurch, dass man diese Abstraktionskraft des Denkens auf die Bestimmungsgründe und Zwecke des Handelns anwendet — das sich auf diese Weise denkend verhält. Dabei erhebt sich der praktische Geist, der Wille, der ursprünglich durch Gefühle und Triebe geleitet wird, zu dem Gedanken der Glückseligkeit, der bereits etwas Allgemeines zum Inhalt des Handelns macht, aber freilich noch vom subjektiven Gefühl und Belieben abhängt. Die wahre, von aller Subjektivität und Zufälligkeit freie Allgemeinheit als Zweck des Willens gesetzt ist nichts anderes als der Wille selbst. Ein Wille aber, der sich selbst zum Inhalt und Zweck hat, ist frei. „Nur in dieser Freiheit ist der Wille schlechthin bei sich, weil er sich auf nichts, als auf sich selbst bezieht, so wie damit alles Verhältnis der Abhängigkeit von etwas anderem hinwegfällt."**)

Der Geist ist demnach freier oder — da die Freiheit nur durchs Denken möglich ist — vernünftiger Wille, freie Intelligenz. „Dies Selbstbewusstsein, das durchs Denken sich als Wesen erfasst, und damit eben sich von dem Zufälligen und Unwahren abthut, macht das Prinzip des Rechts, der Moralität und aller Sittlichkeit aus."***) Dass ein Dasein überhaupt Dasein des freien Willens ist, ist das Recht†) — das Recht in jenem weiteren, Moralität und Sittlichkeit als Gestaltungen der Freiheit in sich

---

*) Hegel, Encyklopädie, herausgeg. v. Rosenkranz, 1870 § 440—482.
**) Hegel, Grundlinien der Ph. des Rechts, 2. Aufl. herausg. von Gans, § 23, S. 56.
***) Ebenda, § 21, S. 55. — †) Ebenda § 29, S. 61.

begreifenden Sinne des Wortes; „auf jeder dieser Stufen hat die Idee der Freiheit ihr eigentümliches Recht."

Das Recht in diesem ganzen Umfang ist also nichts anderes als Existenzweise und Lebensäusserung der Freiheit.

b. Das Recht und die bürgerliche Gesellschaft.

Der freie Wille in seiner Unmittelbarkeit — wie er nach dem Stufengang der Entwicklung seiner Idee zuerst ins Auge gefasst werden muss — ohne eine andere Bestimmtheit als die rein formale, sich selbst zu wollen, ist Person. Die Freiheit existiert also als Persönlichkeit. Da aber das Dasein der Freiheit überhaupt Recht ist, so ist mit der Persönlichkeit die Rechtsfähigkeit verbunden. Freilich ist es nur ein abstraktes, formelles Recht, was durch die Betrachtung der als abstrakte Persönlichkeit existierenden Freiheit und ihrer Bethätigung zu stande kommt. Das Gebot des abstrakten Rechts lautet: sei eine Person und respektiere die andern als Personen.

Um wahrhaft wirklich zu sein, zu sein, was sie sein soll, muss die Person sich eine äussere Sphäre ihrer Freiheit geben. Das thut sie dadurch, dass sie ihren freien Willen in eine äusserliche, willenlose, unpersönliche und darum rechtlose Sache hineinlegt und diese in Besitz nimmt. Auf solche Weise erwirbt sie Eigentum und wird im **Eigentum** sich selbst erst wahrhaft gegenständlich. Dass gerade diese oder jene Sache das Eigentum der Person ausmacht, ist zufällig und kann geändert werden, wenn der Wille **dieser** Person aus **dieser** Sache herausgezogen und die Sache freiwillig einer anderen Person überlassen wird. Dies geschieht durch den **Vertrag**. Da aber im Vertrag, wenn er zu stande kommen soll, die Uebereinstimmung der Willen stattfinden muss, der sich die eine oder die andere Person entziehen kann, so ist der Vertrag der Willkür und dem **Unrecht** preisgegeben. Wenn das Unrecht unbefangen ist, d. h. wenn das Recht anerkannt und gewollt aber irrtümlich gerade in dieses oder jenes gesetzt wird, so führt das zu einem bürgerlichen Rechtsstreit, in dem das Urteil eines uninteressierten Dritten entscheidet, was an sich recht ist. Wenn aber das Unrecht gewollt und nur der Schein des Rechts gewahrt wird, oder auch der Schein fallen gelassen wird, wenn Betrug und Verbrechen verübt werden, wird das Recht negiert. Eine solche Handlung ist nichtig; denn

„das Recht als absolutes ist unaufhebbar." „Was aber nichtig ist, muss sich als solches manifestieren." „Die Manifestation dieser ihrer Nichtigkeit ist die in die Existenz tretende Vernichtung jener Vernichtung"*) — die Strafe als die Wiederherstellung des Rechts durch Aufhebung des Unrechts.

Die Strafe ist gerecht; denn dem Verbrecher widerfährt die Ehre als ein Vernunftwesen genommen zu werden, das durch die verbrecherische That etwas Allgemeines statuiert, ein auch für es selbst giltiges Gesetz anerkannt hat, unter das es nun als unter s e i n Recht subsumiert werden darf. Das Aufheben des Verbrechens ist Wiedervergeltung, denn sie ist dem Begriffe nach Vernichtung der Rechtsvernichtung. Doch darf diese Gleichheit nicht im spezifischen, starr äusserlichen Sinn verstanden und gehandhabt werden, sondern als innere durch den Wert ausgedrückte Gleichheit. Nur beim Morde muss die spezifische Gleichheit bleiben. „Denn da das Leben der ganze Umfang des Daseins ist, so kann die Strafe nicht in einem Werte, den es dafür nicht gibt, sondern wiederum nur in der Entziehung des Lebens bestehen."**) In dieser Sphäre des abstrakten Rechts kann die Strafe nur als Rache verstanden werden, dem Inhalte nach gerecht weil Wiedervergeltung, aber der Form nach Handlung eines subjektiven Willens, von zufälliger Gerechtigkeit und damit selbst eine neue Rechtsverletzung.***)

Eine nicht rächende, sondern strafende Gerechtigkeit wird ausgeübt in der bürgerlichen Gesellschaft, als derjenigen Vereinigung von Menschen, wo überhaupt das abstrakte Recht zum positiven wird, das Gesetz gehandhabt und verwirklicht durch die Gerichtspersonen.

Die bürgerliche Gesellschaft wird gebildet von den einzelnen Personen, die ihre besonderen Interessen zum Zweck ihrer Thätigkeit haben. Dabei vermögen sie nicht ohne Beziehung auf und ausser Berührung mit anderen zu bleiben, die ihnen helfen müssen, den ganzen Umfang ihrer Zwecke zu erreichen. Um daher mit grösster Sicherheit den eigenen Zweck zu erreichen, fördert der Einzelne zugleich die Zwecke der Anderen, und zwar dadurch, dass er das Wohl der Gesamtheit unterstützt und fördert. Diese greift zwar ihrerseits durch mancherlei Massregeln in den besonderen Interessenkreis des Einzelnen ein und

---

*) Ebenda, § 97, S. 132. — **) Ebenda § 101, S. 140. — ***) Ebenda § 102, S. 140.

verletzt ihn scheinbar, doch nur um hierdurch das Gesamtwohl zu befördern und eben damit den Interessen des Einzelnen zu dienen. Die Allgemeinheit, das Ganze ist also der vermittelnde Zusammenhang, die ausgleichende Macht für die selbständigen Interessen. Dieses System der gegenseitigen Abhängigkeit, das die Mitglieder der bürgerlichen Gesellschaft darstellen, kann man als den äusseren Staat — Not- und Verstandstaat ansehen.

Die Bedürfnisse, deren Befriedigung in der bürgerlichen Gesellschaft jedem auf jede erlaubte Weise zu suchen freisteht, sind so mannigfaltig und die Mittel zu ihrer Befriedigung sind so zahlreich, dass eine Teilung der Arbeit notwendig wird. Je nach der gemeinsamen oder ähnlichen Art der Bedürfnisbefriedigung, der dazu erforderlichen Mittel und Arbeiten, der dabei notwendigen theoretischen und praktischen Bildung teilt sich die bürgerliche Gesellschaft in verschiedene Stände. Der substantielle oder unmittelbare Stand hat sein Vermögen in Grund und Boden und gewinnt durch dessen Bearbeitung seinen Unterhalt. Der reflektierende oder formelle Stand formiert, kauft und verkauft die von ersten Stande dargebotenen Naturprodukte und ist dabei wesentlich auf die Reflexion und den Verstand, auf Geschicklichkeit und Fleiss angewiesen. Der allgemeine Stand hat die allgemeinen Interessen des gesellschaftlichen Zustands zu seinem Geschäfte und ist dabei wie der zweite auf die eigene Geschicklichkeit angewiesen und wie der erste durch das Ganze der Gesellschaft in seiner materiellen Existenz gesichert. „Die sittliche Gesinnung in diesem Systeme (der Bedürfnisse) ist die Rechtschaffenheit und die Standesehre, sich und zwar aus eigener Bestimmung durch seine Thätigkeit, Fleiss und Geschicklichkeit zum Gliede eines der Momente der bürgerlichen Gesellschaft zu machen und als solches zu erhalten, und nur durch diese Vermittelung mit dem Allgemeinen für sich zu sorgen, sowie dadurch in seiner Vorstellung und der Vorstellung anderer anerkannt zu sein."*)

Die Mitglieder der bürgerlichen Gesellschaft als freie Personen haben das Recht des Eigentums. Dieses Recht wird als geltende Wirklichkeit anerkannt und beschützt durch die Rechtspflege, vor der alle Menschen, Juden, Katholiken etc. gleich sind, weil das freie Ich als allgemeine Person aufgefasst werden muss, worin alle

---

*) Ebenda § 207, S. 262.

identisch sind. Was Recht ist, gilt nur sofern es Gesetz ist. Die Gesetze müssen geschrieben, gesammelt und, nach Prinzipien geordnet, allen zugänglich gemacht sein; denn da sie für alle verbindlich sind, müssen sie auch allgemein bekannt gemacht werden. „Das Recht betrifft die Freiheit, dies Würdigste und Heiligste im Menschen, was er selbst, insofern es für ihn verbindlich sein soll, kennen muss."*) Das Recht als Gesetz vertritt das Allgemeine gegenüber dem besonderen Wollen und Meinen und wird ohne subjektives Interesse verwirklicht durch die öffentliche Macht der Gerichte, deren Rechtspflege öffentlich sein muss, weil der besondere Fall doch eben als Rechtssache einen allgemeinen Inhalt und seine Entscheidung ein allgemeines Interesse hat. Zur Subsumtion des Verbrechens unter das Gesetz der Wiedervergeltung als Strafe bedarf es nur des richterlichen Urteils, dagegen zur Vorbereitung dieser Subsumtion ist notwendig die Anerkennung und Qualifikation des Thatbestandes durch die Geschworenen, durch deren Mitwirkung eine grössere Gewissheit erlangt wird als durch die subjektive Ueberzeugung des Richters, die, wenn sie allein gelten soll, die Freiheit des als Mensch zu respektierenden Verbrechers vernichtet.

Dass in der bürgerlichen Gesellschaft nicht die subjektive Willkür herrscht, sondern das Besondere im einzelnen Fall mit dem Allgemeinen übereinstimmt, dafür sorgt die Rechtspflege. Dass diese Uebereinstimmung im ganzen Umfang des gesellschaftlichen Lebens stattfinde, dafür ist die Polizei thätig, die alle Zufälligkeiten bei der Verfolgung der besonderen Lebenszwecke hinwegräumen und durch eine feste äussere Ordnung das Wohl des Einzelnen fördern will. Sie hält das, was dem Einzelnen schaden kann, nach Kräften ferne; da aber das Urteil über das Schädliche nach Zeit und Umständen notwendig verschieden ist, so unterliegt die Polizei dem Verdacht der Willkürlichkeit und Gehässigkeit. Gewiss mit unrecht; denn sie überwacht die regelmässige und geordnete Herbeischaffung der Mittel zur Bedürfnisbefriedigung, sorgt für Strassenbeleuchtung, Brückenbau, öffentliche Gesundheitspflege, beansprucht einen berechtigten Einfluss auf Erziehung und Unterricht der Kinder als werdender Glieder der Gesellschaft, steuert der die Familiensubsistenz gefährdenden Verschwendung durch Verhängung der Curatel, übernimmt die Armenpflege sowohl nach ihrer unter-

---
*) Ebenda § 215, S. 273.

stützenden als nach ihrer pädagogischen Seite, sucht die Entstehung eines ob seiner Arbeitsscheu ehrlosen Pöbels zu verhindern und der Uebervölkerung durch Regulierung der Auswanderung und Anlegung von Kolonien abzuhelfen, kurz entfaltet nach allen Seiten hin eine überaus wohlthätige, fürsorgende Wirksamkeit.

Während aber die Polizei als eine äussere Macht das Besondere mit dem Allgemeinen in Einklang zu erhalten trachtet, nimmt die K o r p o r a t i o n (Kommune, Innung), als ein Besonderes, die Besorgung des in ihren Interessen mitenthaltenen Allgemeinen selbst in die Hand. Ihre vornehmlichste Stelle hat sie im Gewerbestande. Sie ist von sittlicher Bedeutung durch die Pflege der Standesehre, deren Mangel sonst durch Luxus und Streben nach anderer Anerkennung ersetzt wird, durch die Gewährung gegenseitiger Unterstützung, der durch die Gegenseitigkeit der Stachel einer Demütigung genommen ist. Familie und Korporation sind die beiden sittlichen Wurzeln des Staats. „Heiligkeit der Ehe und die Ehre in der Korporation sind die zwei Momente, um welche sich die Degeneration der bürgerlichen Gesellschaft dreht."*)

Was in der Korporation als in einer besonderen Sphäre geschieht: die Erhebung eines Allgemeinen zum Zwecke der Thätigkeit, das geschieht im Staate im ganzen Umfang des bewusst politischen Lebens. Die Sphäre der bürgerlichen Gesellschaft geht hier nach dem Gange der Entwicklung des Begriffs in den Staat über. Während er aber begrifflich als Resultat erscheint, ist er thatsächlich, geschichtlich „das Erste, innerhalb dessen sich erst die Familie zur bürgerlichen Gesellschaft ausbildet."**)

c. Der Staat als sittliche Substanz.
1. Der rechtliche Standpunkt.

Vom Standpunkt des formellen Rechts aus wird der Wille betrachtet in seiner abstrakten Allgemeinheit, wie er seinem Begriffe nach freie Persönlichkeit ist. Dabei kann keine Rücksicht genommen werden auf die Bestimmungsgründe, auf Einsicht und Absicht des Willens, die ja nicht an der Persönlichkeit überhaupt, sondern nur an einer besonderen Persönlichkeit auf konkrete und bei verschiedenen verschiedene Weise vorhanden sind. Der Wille tritt hier in den Gesichtskreis der Betrachtung nur

---
*) Ebenda § 255, S. 303. — **) § 256, S. 305.

insofern er ein gleichsam bloss äusserliches Dasein führt. Will man daher seine Rechte und Pflichten in dieser Sphäre näher beschreiben, so kann man nur sagen, seine Befugnis bestehe in der für sein Subjekt, für die Persönlichkeit vorhandenen Möglichkeit, sich da oder dort eine Sphäre der Existenz zu geben, und die Pflicht beschränke sich auf die Notwendigkeit, die Persönlichkeit und das, was aus ihr folgt, nicht zu verletzen.

Wo eine solche Verletzung dennoch stattfindet, da hebt die Persönlichkeit ihre abstrakte Unmittelbarkeit auf und besondert sich zu einem bestimmten Individuum, dem durch die Strafe zum Bewusstsein gebracht wird, dass die Freiheit nicht ein subjektives Belieben sein kann, sondern in einem bestimmten Verhältnis zu etwas Allgemeingiltigem sich befinden soll, ein Verhältnis der Unterwerfung und Uebereinstimmung des subjektiven Willens mit einem allgemeingiltigen, wie sie bereits verwirklicht ist in der Person dessen, der die strafende Gerechtigkeit derart vertritt, dass die Strafe den Beigeschmack einer persönlichen Rache verloren hat. Auf diese Weise von aussen nach innen geführt erhebt sich die Betrachtung zum moralischen Standpunkt.

2. Der moralische Standpunkt.

Hier wird der Wille betrachtet in seiner individuellen Besonderheit, wie er frei ist nicht nur durch den Besitz einer äusserlichen Sache, sondern auch dadurch, dass er sich selbst bestimmt und sich nur dasjenige zurechnen lässt, nur als dasjenige anerkannt und sein will, was er irgendwie als das Seinige gesetzt hat, was er vorsätzlich gewollt, was er in seinem ganzen Umfang beabsichtigt hat. Im Gegensatz zum rechtlichen Standpunkt richtet der moralische sein Augenmerk vor allem auf die Gesinnung, auf die Beschaffenheit des subjektiven Willens, der sich gegenüber dem an sich seienden Willen, der das Allgemeingiltige, das Gute repräsentiert, im Verhältnis des Sollens befindet. Er soll die wegen der Verschiedenartigkeit des Guten vielfach kollidierenden Pflichten vereinigen und das berechtigte Interesse des eigenen Wohls im Einklang erhalten mit dem Zwecke des Guten. Hierbei leitet ihn seine Ueberzeugung, sein Gewissen, in dem sich das Allgemeingiltige in dem besonderen Individuum wiederspiegelt und seiner selbst gewiss ist. Aber das Gewissen als etwas Individuelles kann irren, kann eine Besonderheit, ein persönliches Interesse zum Prinzip erheben und darin das Allgemeingiltige erblicken. Auf diese Weise ist hier auch das Böse möglich. Doch selbst wenn das wahrhaft Allgemeingiltige den durchs Gewissen erfahrenen und gebilligten Inhalt des Willens ausmacht, ist ungewiss, ob das Sollen, womit das Allgemeingiltige dem Individuum gegenübertritt, zum Wollen, ob das Gute auch in der vorhandenen Welt verwirklicht wird.

3. Der Standpunkt der Sittlichkeit

lässt erkennen, wo und inwieferne diesen Mängeln abgeholfen ist. Das seinwollende Gute und die gutseinsollende Subjektivität, auf die der moralische Standpunkt die Aufmerksamkeit gerichtet hat, haben aneinander ihr Gegenteil. Das Gute fordert eine Subjektivität, in der es wirklich wird, und die Subjektivität bedarf des Ansichseienden, des Guten, um zu sein, was sie an sich ist, frei. So erweisen sich beide nicht als etwas Selbständiges, sondern als Momente eines Begriffs, der durch ihre Vereinigung Realität erhält, — des Begriffs der Sittlichkeit; denn diese „ist die konkrete Identität des Guten und des subjektiven Willens."*)

Eben wegen dieser Identität ist die Sittlichkeit auch die Idee der Freiheit; denn einerseits ist sie das lebendige Gute, der an und für sich seiende Wille, der in Gesetzen und Einrichtungen objektiv geworden ist und als ein Kreis der Notwendigkeit erscheint, dessen Momente die das Leben der Individuen regierenden sittlichen Mächte sind; andererseits hat dieses Gute in dem Selbstbewusstsein, sein Wissen und Wollen und durch dessen Handeln seine Wirklichkeit. Wie sehr daher auch die sittlichen Mächte und ihre Gesetze dem Subjekt mit fester Autorität selbständig gegenüber treten und Pflichten begründen, so sind sie dem Subjekt doch nichts Fremdes, sondern nach dem Zeugnis des Geistes, sein eigenes Wesen, eine Ueberzeugung, die noch unmittelbarer ist als Glaube und Zutrauen. Indem die Individuen in den objektiv sittlichen Formen ihre Freiheit verwirklicht sehen, darin ihr eigenes Wesen, ihre innere Allgemeinheit anerkennen und besitzen, ist ihr Recht für die subjektive Bestimmung zur Freiheit erfüllt und doch auch ihr Recht auf die Erhaltung der individuellen Besonderheit gewahrt, dadurch, dass die Besonder-

---

*) Ebenda § 141, S. 202.

heit die erscheinende Weise ist, in der das Sittliche existiert.

Das objektive Sittliche als die durch die Subjektivität konkrete Substanz ist der wirkliche Geist einer Familie und eines Volkes.*)

4. Der Staat auf dem Standpunkt der Sittlichkeit.

Nun ist ein Maasstab für die richtige Beurteilung des Staates gewonnen. Er fällt nicht unter Recht und Moral. Das Rechtliche und Moralische kann nicht für sich existieren; denn dem Recht fehlt das Moment der Subjektivität, das die Moral wiederum für sich allein hat, und so haben beide Momente keine Wirklichkeit für sich, sondern bedürfen des Sittlichen als Trägers und Grundlage. Das Sittliche aber ist wirklich im Staate.

Denn wenn das Sittliche in der Verwirklichung des Guten durch den subjektiven Willen besteht, so ist der Staat die Wirklichkeit der sittlichen Idee, weil das Gute, der sittliche Geist in den Gesetzen und öffentlichen Institutionen ein unmittelbares, und an dem Selbstbewusstsein der Staatsbürger, an ihrem Wollen, Wissen und Handeln sein vermitteltes Dasein hat, während hinwiederum dieses Selbstbewusstsein im Staate als seinem Zwecke und Produkt seiner Thätigkeit seine substanzielle Freiheit besitzt. Hier existiert also das Gute in den objektiven Formen und Ordnungen des staatlichen Lebens, die den Subjekten, durch die sie verwirklicht und beobachtet werden, als der Ausdruck ihres eigenen Wesens gelten. Darum ruht der Staat als objektive Substanzialität auf der Verfassung, dem Organismus jener Institutionen, als subjektive Substanzialität auf dem Patriotismus, auf der lebendigen Staatsgesinnung der Bürger.

Mit dem Charakter der Sittlichkeit, den der Staat an sich trägt, deckt sich der der Vernünftigkeit. „Die Vernünftigkeit besteht, abstrakt betrachtet, in der sich durchdringenden Einheit der Allgemeinheit und der Einzelnheit". Diese findet sich im Staate als „Einheit der objektiven Freiheit, d. i. des allgemeinen substanziellen Willens und der subjektiven Freiheit als des individuellen Wissens und seines besondere Zwecke suchenden Willens", — eine Einheit, die der Form nach erscheint in einem nach gedachten d. h. allgemeinen Gesetzen und Grundsätzen

---

*) Ebenda § 156, S. 210.

sich bestimmenden Handeln. Als diese Einheit, als das an und für sich Vernünftige ist der Staat absoluter Selbstzweck, in welchem die Freiheit zu ihrem höchsten Rechte kommt; denn dass die Freiheit wirklich sei, ist absoluter Zweck der Vernunft. Daher ist es auch höchste Pflicht des Einzelnen, ein allgemeines Leben zu führen, Mitglied des Staats zu sein, was nicht der Fall wäre, wenn der Staat nur besonderen Interessen dienen sollte.

„Das besondere Interesse soll wahrhaft nicht bei Seite gesetzt oder gar unterdrückt, sondern mit dem Allgemeinen in Uebereinstimmung gesetzt werden, wodurch es selbst und das Allgemeine erhalten wird."*) Je vollkommener ein Staat ist, je mehr er die Freiheit nach dem Begriffe des Willens verwirklicht, desto mehr kann er, wie der moderne, die besonderen Zwecke ungehemmt sich entfalten lassen und sie dennoch wieder in die substanzielle Einheit, zum allgemeinen Zwecke des ganzen zurückführen, so dass sie in ihm selbst erhalten sind. Daraus ergibt sich unmittelbar die die Kirche auf ihrem eigenen Gebiete respektierende und schützende, im wesentlichen aber übergeordnete, weil gegenüber den besonderen Kirchengemeinschaften die A l l g e m e i n h e i t des Gedankens zum Ausdruck bringende Stellung des Staats.

d. Der Staat als vernünftiger Organismus.

Als objektive Substanzialität ruht der Staat auf der Verfassung, dem in sich geschlossenen Kreis der politischen Institutionen. Vernünftig ist diese Verfassung, wenn die im Staate zur Entwicklung kommende Idee sich nach der Natur des Begriffs unterscheidet. Die Logik lehrt, dass der Begriff sich in die Momente der Allgemeinheit, Besonderheit und Einzelheit auseinanderlegt. Wendet man das auf den Staat an, so erreicht man die — weder durch verständige Reflexion über Wohl und Wehe noch durch unklare Gefühle der Liebe und Begeisterung zu gewinnende — wahrhaft philosophische Erkenntnis der allein vernünftigen Verfassung und die einzig giltige Begründung der die öffentliche Freiheit garantierenden Trennung der Gewalten: „Der politische Staat dirimiert sich in die substantiellen Unterschiede:

    1. Die Gewalt, das Allgemeine zu bestimmen und festzusetzen, die gesetzgebende Gewalt,

---
*) Ebenda § 260, S. 318.

2. der Subsumtion der besonderen Sphären und einzelnen Fälle unter das Allgemeine, die Regierungsgewalt,

3. der Subjektivität als der letzten Willensentscheidung, die fürstliche Gewalt, in der die unterschiedenen Gewalten zur individuellen Einheit zusammengefasst sind, die also die Spitze und der Anfang des Ganzen, der konstitutionellen Monarchie ist."*)

So verfasst ist der Staat ein vernünftiger Organismus: diese Verfassung geht ewig aus dem Staate hervor, wie er sich durch sie erhält.

Wie die Verfassung geschichtlich zu stande kommt, ob durch Güte oder Gewalt, diese Frage liegt ausserhalb des philosophischen Interesses. Ist eine solche vorhanden, so kann eine vernunftgemässe Umgestaltung derselben nur verfassungsmässig vor sich gehen. Dem Volke eine neue Verfassung aufzudrängen, geht schon deswegen nicht an, weil der vernünftige Staat auf den aus dem Geiste des Volkes herausgeborenen Institutionen beruht, also die Verfassung wesentlich ein Werk des Volkes und seines so oder so gearteten, in der Bildung vorangeschrittenen oder zurückgebliebenen Selbstbewusstseins ist, so dass jedes Volk die Verfassung hat, die es verdient.

Den verschiedenen Momenten, in die der Begriff des Staates sich zerlegt und die eine Mannigfaltigkeit der Geschäfte und Zwecke verursachen, gebührt keine schlechthinige Selbständigkeit weder für sich noch in den Personen, durch die sie repräsentiert sind. Sie wurzeln alle und ergänzen sich in der Einheit des Staats. Hieraus erhellt, dass lediglich der Staat souverain ist. Diese Souverainität kommt im Innern dadurch zur Erscheinung, dass die besonderen Zwecke und Geschäfte zum Zwecke des Ganzen fortdauernd zurückgeführt und beschränkt, sowie zur direkten Leistung der Staatserhaltung angehalten werden, und in Zeiten der Not, wie berechtigt die besonderen Interessen auch sonst sein mögen, dem Staat geopfert werden müssen. Diese Souverainität des Staats existiert, abstrakt betrachtet, als Subjektivität und sich selbst bestimmender Wille, konkret als bestimmtes Subjekt in der Person des Monarchen, der die Persönlichkeit des Staats ist, in der er die Gewissheit seiner selbst hat, der das alle Besonderheit aufhebende, alles Abwägen ab-

---

*) Ebenda § 273, S. 348.

schliessende „Ich will" ausspricht und damit alle Handlungen und alle Wirklichkeit anfängt. Diese Notwendigkeit hat auch in nicht monarchischen Staaten stets eine individuelle Spitze hervorgetrieben, indem die bestimmende Willensentscheidung in die Hände von Staatsmännern und Feldherrn gelegt werden musste.

1. Die fürstliche Gewalt.

Die fürstliche Gewalt kann und darf nicht aus Nützlichkeitsgründen abgeleitet werden, sondern muss als die notwendige, vernünftige Spitze des architektonisch gegliederten Baus des Vernunftstaats begriffen werden als das letzte sich Entschliessen des Staats, dieses sich selbst bestimmenden, vollkommen souverainen Willens. Dieses letzte Selbst existiert als einzelne, durch den Naturprozess gewordene Person und ist ohne Rücksicht auf ihren besonderen Inhalt durch die Geburt zur Würde des Monarchen bestimmt. Der raisonnierende Verstand, der diese hier der Natur anheimgegebene Verbindung der monarchischen Gewalt mit einer bestimmten Person etwa anders begründen wollte, stellte dieselbe dadurch als zufällig hin und bedrohte damit den Bestand des Staats. Wenn man aber aus der dem Staatswesen angeblich nachteiligen Bildung und dem Charakter des Monarchen Argumente schmiedet gegen die Vernünftigkeit der Monarchie, so verkennt man ganz die Bedeutung des Monarchen. „Es ist bei einer vollendeten Organisation des Staats nur um die Spitze formellen Entscheidens zu thun, und um eine natürliche Festigkeit gegen die Leidenschaft. Man fordert daher mit unrecht objektive Eigenschaften an dem Monarchen; er hat nur Ja zu sagen, und den Punkt auf das J zu setzen. Denn die Spitze soll so sein, dass die Besonderheit des Charakters nicht das Bedeutende ist. In einer wohlgeordneten Monarchie kommt dem Gesetz allein die objektive Seite zu, welchem der Monarch nur das subjektive „Ich will" hinzuzusetzen hat."*)

Die Grundlosigkeit der letzten Willensentscheidung und der der Natur anheimgestellten Existenz macht die Majestät des Monarchen aus, entnimmt den Thron dem Kampfe der Parteien und behütet die Staatsgewalt vor Schwächung und Zertrümmerung. So natürlich die Vorstellung eines Wahlreichs ist, so schlecht ist diese Institution wegen der in ihr liegenden Möglichkeit und Wahr-

---

*) Ebenda § 280, S. 365 u. 366.

scheinlichkeit staatszerrüttender Folgen, mehr noch deswegen, weil in ihm die Vorstellung, dass der Monarch der oberste Beamte sei, vom Belieben und von der Willkür des Volks ausgeht, — eine Vorstellung, die der Idee der Sittlichkeit als der Wirklichkeit der vernünftigen Freiheit direkt entgegensteht.

Die fürstliche Gewalt als ein Moment des vernünftigen Begriffs enthält die anderen in sich, soferne ihr zusteht, die das Besondere unter das Allgemeine subsumierenden, beratenden und deshalb allein mit Verantwortlichkeit belasteten Organe zu wählen, und sofern der Monarch an das Allgemeine in Gestalt des Gewissens, der Verfassung und Gesetze gebunden ist.

Die Erbmonarchie herausgearbeitet zu haben, ist eins der spätesten Resultate der Geschichte. Ihre subjektive Garantie liegt in der Liebe des Volks, Gewalt etc., ihre objektive aber in der vernünftigen, die öffentliche Freiheit sichernden Verfassung, von der sie ebenso gefordert wird als sie diese fordern muss, weil sie das im Begriffe liegende Moment, ein Glied im vernünftigen Organismus ist.

2. Die Regierungsgewalt.

Die Ausführung und Anwendung der fürstlichen Entscheidungen, die Fortführung und Aufrechterhaltung der Gesetze ist Sache der Regierungsgewalt, die das Besondere unter das Allgemeine subsumiert und sowohl die richterliche als die polizeiliche Gewalt in sich schliesst. Die Regierungsbeamten der Korporationen, Kommunen u. s. w. können von den Interessenten gewählt, müssen aber vom Staate bestätigt werden, da die von jenen vertretenen Sonderinteressen denen des Staats sich unterordnen müssen. Die Festhaltung des allgemeinen Staatsinteresses und des Gesetzlichen in jenen Interessenkreisen, die Zurückführung der besonderen Interessen auf die des Staats obliegt den exekutiven Staatsbeamten und den „höheren beratenden, insoferne kollegialisch konstituierten Behörden, welche in den obersten, den Monarchen berührenden Spitzen, zusammenlaufen".*)

Zur Uebernahme eines Amts hat das niemals durch Geburt dazu bestimmte Individuum seine Befähigung zu erweisen, eine Bedingung, die es jedem Bürger möglich macht, dem allgemeinen Stande sich zuzuwenden. Die

---

*) Ebenda § 289, S. 373.

Ernennung steht der monarchischen als der souverainen Staatsgewalt zu. Der Beamte ist auf seine Pflichterfüllung angewiesen, die ihm die gesicherte Existenz und notwendige Unabhängigkeit verschafft. Staat und Regierte sind gegen den Missbrauch der Amtsgewalt geschützt durch die Controlle von oben und von unten. Uebrigens bürgen und sorgen für Leidenschaftslosigkeit, Unparteilichkeit und Milde die sittliche und intelektuelle Bildung der Beamten und die von kleinlichen Gesichtspunkten ablenkende und zu allgemeinen Interessen und Ansichten zwingende Grösse des Staats. „Die Mitglieder der Regierung und die Staatsbeamten machen den Hauptteil des Mittelstandes aus, in welchen die gebildete Intelligenz und das rechtliche Bewusstsein eines Volkes fällt."*)

3. Die gesetzgebende Gewalt.

Die gesetzgebende Gewalt beschäftigt sich mit der weiteren Fortbestimmung der Gesetze, mit den Leistungen des Staats an das Individuum und umgekehrt, endlich mit den allgemeinen inneren Angelegenheiten. Sie setzt als ein Teil der Verfassung diese voraus, bildet sie aber durch ihre eigene Fortentwickelung im Laufe der Zeit um. „In der gesetzgebenden Gewalt als Totalität sind zunächst die zwei anderen Momente wirksam, das monarchische als dem die höchste Entscheidung zukommt, die Regierungsgewalt als das mit der konkreten Kenntnis und Uebersicht des Ganzen in seinen vielfachen Seiten und den darin festgewordenen wirklichen Grundsätzen, sowie mit der Kenntnis der Bedürfnisse der Staatsgewalt insbesondere, beratende Moment, — endlich das ständische Element."**)

Die ständische Vertretung des Volks und dessen Teilnahme an der gesetzgebenden Gewalt ist keineswegs deshalb notwendig, weil etwa das Volk das Beste will oder muss; denn zu letzterem gehört tiefe Erkenntnis und Einsicht. Die Behauptung, dass das Volk das Beste wolle, geht davon aus, dass bei der Regierung ein böser Wille vorauszusetzen sei, und könnte leicht damit erwidert werden, dass das ständisch vertretene Volk nur seine Privatinteressen suche. Also in der Garantie fürs öffentliche Wohl d. i. für die öffentliche Freiheit sind die Stände nicht stärker eher schwächer als Monarchie u. s. w. „Was die eigentliche Bedeutung der Stände ausmacht, ist, dass

---

*) Ebenda § 297. S. 380. — **) Eb. § 300, S. 384.

der Staat dadurch in das subjektive Bewusstsein des Volks tritt, und dass es an demselben teilzuhaben anfängt."*) Im ständischen Element kommen die Ansichten und Gedanken der empirischen Allgemeinheit, der Volksmenge zum Ausdruck und in ihm gewinnt die subjektive, formelle Freiheit ihr Dasein. Der Beitrag, den die Stände freilich auch ihrerseits zum allgemeinen Besten leisten, „liegt teils in einer Zuthat von Einsicht der Abgeordneten, vornehmlich in das Treiben der den Augen der höheren Stellen fernerstehenden Beamten und insbesondere in dringendere und speziellere Bedürfnisse und Mängel, die sie in konkreter Anschauung vor sich haben, teils aber in derjenigen Wirkung, welche die zu erwartende Zensur vieler und zwar eine öffentliche Zensur mit sich bringt, schon im voraus die beste Einsicht auf die Geschäfte und vorzulegenden Entwürfe zu verwenden und sie nur den reinsten Motiven gemäss einzurichten".**) Wegen der eben hervorgehobenen Bedeutung der Stände, dass in ihrem Mitwissen, Mitberaten und Mitbeschliessen die Unterthanen ins Staatsleben hereingezogen werden und die formelle Freiheit ihr Recht erlangt, müssen die Verhandlungen der Stände öffentlich sein.

Die Stände sind nicht, wie es oft geschieht, so anzusehen, als wären sie im Gegensatz gegen Fürst und Regierung, sondern sie gliedern sich in den Organismus des Staats ein als vermittelndes Element zwischen Regierung und Volk; mit der ersteren teilen sie das allgemeine, mit dem letzteren, das in ihnen nicht als wüster Haufe sondern als organisiert erscheint, das besondere Interesse. Während der allgemeine Stand schon durch seinen Beruf zur politischen Thätigkeit bestimmt ist, kommt im ständischen Element auch der Privatstand zu politischer Bedeutung und Wirksamkeit. Die besondere Aufgabe der Vermittelung gegen die ihrerseits durch die Regierung vermittelnde fürstliche Gewalt obliegt dem substanziellen Stand, der das Familienleben und den unveräusserlichen Grundbesitz zur Basis hat. Er bildet die erste Kammer, in die seine durch die Unabhängigkeit der materiellen Existenz ohnehin auf politische Thätigkeit hingewiesenen Vertreter nach dem Rechte der Erstgeburt eintreten, wodurch sie etwas der fürstlichen Gewalt Verwandtes an sich haben. Die bewegte Seite der bürgerlichen Gesellschaft findet ihre Repräsentation in der

---

*) Ebenda § 301, S. 388. — **) Eb. § 301, S. 306.

Kammer der Abgeordneten, die nicht durch unorganische Massenwahl, sondern durch Abordnung von Vertretern der schon konstituierten Genossenschaft, Gemeinde, Korporation zu stande kommt, weil der Staat den Einzelnen nicht als abstrakten Einzelnen, sondern nur als Mitglied eines bestimmten Standes in Betracht zieht. Die Abordnung ist ein Akt des Vertrauens, das man in den Charakter, die Grundsätze und das Benehmen des Abgeordneten setzt, Eigenschaften, die der Aufgabe, zu den allgemeinen Angelegenheiten zugezogen zu werden, entsprechen müssen. Diese Eigenschaften werden insgemein erworben durch die innerhalb des Standes bethätigte Beschäftigung mit allgemeinen Angelegenheiten; solche Abgeordnete kennen die Bedürfnisse und Interessen ihrer Abordnenden und alle grösseren Zweige der Gesellschaft: die Handeltreibenden, die Fabrikanten etc. kommen zur Geltung.

Durch die Trennung der Stände in 2 Kammern ist die Reife der Entschliessung garantiert, und der Widerspruch gegen die Regierung wird entweder verhindert oder gemildert oder gewichtiger gemacht. Durch die Oeffentlichkeit der Ständeverhandlungen wird die Menge zu politischem Urteil erzogen, ihr die Kenntnis und Achtung der Geschäfte und Geschicklichkeit der Staatsbeamten vermittelt und eine öffentliche Meinung herangebildet, deren Organ die für eine vernünftige Verfassung und feste Regierung unschädliche, einer maassvollen Zensur unterworfene Presse ist.

c. **Der Staat in seinem Verhältnis zu anderen Staaten.**[*]

Der Staat als die ideale Einheit der drei begriffsgemäss getrennten Gewalten, als die jene notwendigen Momente als Glieder aus sich entlassende und organisch wieder zusammenfassende Potenz, ist, zunächst im Innern, souverain. Durch diese ausschliessende Beziehung auf sich selbst ist er eine Individualität. Diese, als ein ausschliessendes Für-sich-sein, kommt zur Erscheinung im Verhältnis des Staats zu anderen Staaten, von denen jeder selbständig gegen den anderen ist. Dass nicht die Begrenzung durch andere Staaten, sondern die Beziehung auf sich selbst, der Grund der Individualität und Souverainität nach aussen ist, wird klar durch den Krieg. Im Krieg stellt der Staat alles besondere Interesse als untergeordnet und gleichgiltig gegen das allgemeine Interesse hin, im Krieg erscheint er als die absolute Macht, der alles, Leben,

---

[*] cf. Ebenda § 330 ff. u. Vorlesungen über Phil. d. Geschichte.

Eigentum und dessen Rechte geopfert werden muss. Insoferne hat der Krieg eine sittliche, oft auch eine die innere Staatsgewalt festigende Bedeutung.

Zur Ausgleichung besonderer Zwiste der Staaten untereinander dient der Stand der Tapferkeit. Wenn aber der Staat in seiner Selbständigkeit gefährdet ist, so ruft die Pflicht alle seine Bürger zur Verteidigung auf. Die bewaffnete Macht befehligt, über Krieg und Frieden entscheidet, Verträge schliesst der Monarch, in dem ja die Individualität des Staats sich verkörpert.

Der Staat, der als souverain nach der von seinen inneren Zuständen freilich nicht ganz unabhängigen Anerkennung durch andere Staaten naturgemäss strebt, regelt seine Beziehungen zu ihnen durch Verträge. Diese **sollen**, aber müssen nicht notwendig gehalten werden, weil es über souverainen Staaten keinen Prätor, höchstens einen willkürlich gewählten Schiedsrichter gibt. Die Entscheidung über Streitigkeiten fällt daher meistens dem Krieg anheim, dessen Anlässe, unendlich verschieden, wesentlich von der Empfindlichkeit und Reizbarkeit eines Staats abhängen. Damit, dass Staaten einander anerkennen, erklären sie den Krieg als etwas, was vorübergehen soll; sie müssen ihn daher so führen, dass er die Möglichkeit des Friedens nicht ausschliesst.

Die Thaten und Schicksale der Staaten in diesem ihrem gegenseitigen Verhältnis bilden die Weltgeschichte. Ihrem äusseren Gange nach ist die Weltgeschichte das Weltgericht. Die Staatsindividualitäten, die Volksgeister haben dem Weltgeist gegenüber nur eine beschränkte Bedeutung. Er benützt sie zur Verwirklichung seines Zwecks und lässt sie vom Schauplatz der Geschichte abtreten, wenn sie ihre Mission erfüllt haben. Welches ist der Zweck? Das zeigt ein Blick auf den innern Gang der Weltgeschichte. Hiernach ist sie die Geschichte der Freiheit. Der Staat, der eine höhere Stufe der Freiheit verwirklicht, verdrängt den, auf dem sie unvollkommener erscheint. In der orientalischen Despotie wusste sich nur **Einer** frei. Sie ward abgelöst von der griechisch-römischen Republik, in der schon **mehrere** zum Bewusstsein ihrer Freiheit gelangt sind. Diese aber musste weichen der germanischen Monarchie, in der sich **alle** frei wissen. So ist das Werden des **vernünftigen Staats**, als der Wirklichkeit der Freiheit, das Ziel der Geschichte.

§ 3.
Kant und Hegel.

Wirft man zunächst einen vergleichenden, die Hauptpunkte überschauenden Blick auf die beiden Theorien vom Staate, so fällt sofort auf, dass, rein äusserlich betrachtet, diejenige Hegels mannigfaltiger, in sich geschlossener ist als diejenige Kants, deren Darstellung im Gegensatz z. B. zu derjenigen der Kritik der reinen und der praktischen Vernunft sowohl des schönen architektonischen Aufbaus als der durchsichtigen Systematik entbehrt und dadurch unvorteilhaft von der strengen Gliederung und inneren Abrundung des Hegelschen Buches absticht. Zum guten Teil mag das davon herrühren, dass die Metaphysik der Sitten, aus deren erstem Teil die Staatsidee Kants im wesentlichen entnommen werden muss, eines seiner spätesten Werke ist. Im Jahre 1797 erschienen, verrät sie durch einzelne Mängel und Wiederholungen das hohe Alter des Verfassers. Hegel dagegen hat seine Grundlinien der Philosophie des Rechts in den besten Mannesjahren geschrieben und 1821 herausgegeben, als er eben anfieng in Berlin den Gipfel seines Ruhms zu besteigen und die ausgebreitetste, tiefgehendste Wirksamkeit zu entfalten.

Was den Inhalt der beiden Staatstheorien betrifft, so erscheinen zunächst einige Aehnlichkeiten und Berührungspunkte, die, wie hernach die Differenzen, hier nur kurz markiert werden sollen, um der nachfolgenden Untersuchung zur Grundlage zu dienen, ihre Objekte hervorhebend und ihren Gang andeutend. Im wesentlichen übereinstimmend ist die Ableitung des Rechts aus der Freiheit, die Abweisung von Nützlichkeitsgründen bei der Begründung der Strafe, die Anerkennung des Wiedervergeltungsrechts zur Festsetzung von Strafart und -maass. Dass ferner beide Philosophen das Verhältnis des Staats zur Kirche als ein Verhältnis der Ueberordnung der weltlichen über die geistliche

Macht bestimmen, mag gleichfalls hervorgehoben sein, ist aber weniger wichtig als die hohe Meinung vom Staate, die sie teilen und worin sie soweit gehen, dass sie in der Betrachtung der Geschichte dem Staate die erste Stelle eingeräumt wissen wollen, ja in der **Geschichte** nichts anderes als den **Werdegang des vernünftigen Staats** erkennen.

Trotz dieser Gemeinsamkeiten finden sich mannigfache, tiefgehende Unterschiede. Kant begründet den Staat ideell auf den **Gesellschaftsvertrag** und stellt damit die Teilnahme an der staatlichen Gemeinschaft scheinbar als etwas Beliebiges hin, während Hegel den Staat als **notwendige Organisation des Geistes eines Volks** auffasst und es für höchste Pflicht erklärt, Bürger eines Staats zu sein. Kant sieht in der Nivellierung aller Standesunterschiede ein wünschenswertes Ziel der geschichtlichen Entwicklung und betrachtet den Einzelnen nicht als Angehörigen irgend welchen Standes, sondern als Menschen und Staatsbürger; infolgedessen kennt er nur eine **Volksrepräsentation**. Hegel dagegen will die Stände in ihrer inneren Zusammengehörigkeit und in ihrem gegenseitigen Unterschied erhalten wissen, gesteht dem Adel nicht nur ein historisches Recht und erbliche Würde, sondern eine besondere politische Aufgabe zu und redet einer **ständischen Vertretung** das Wort. Ein weiterer Gegensatz besteht in der Auffassung des Kriegs. Unverkennbar ist ferner, dass die sogenannte **Trennung der Gewalten** bei Hegel eine ganz andere Rolle spielt als bei Kant. Weder in der Art ihrer Durchführung noch in der Begründung ihrer Notwendigkeit findet Uebereinstimmung statt. Mit all diesem ist aber der wichtigste Punkt noch nicht berührt. Der tiefste Gegensatz, der zwischen den Staatsideen Kants und Hegels besteht, ist ohne Zweifel ausgesprochen in folgenden Worten, womit jeder von beiden gelegentlich seine Auffassung vom Wesen des Staats in präzisester Weise kund gethan hat: Kant sagt: **Der Staat ist die Vereinigung einer Menge von Menschen unter Rechtsgesetzen;***) Hegel urteilt: **Der Staat ist die Wirklichkeit der sittlichen Idee.****)

---

*) Met. d. R. § 45; — **) Grundl. d. Ph. d. R., § 257.

§ 4.
Geschichtliche Betrachtung.
I. Kant und seine Zeit.

Auch auf Kant findet das Wort Hegels seine Anwendung: „Was das Individuum betrifft, so ist ohnehin jedes ein Sohn seiner Zeit; so ist auch die Philosophie ihre Zeit in Gedanken erfasst."*) Kant lebte im Zeitalter der rationalistischen Aufklärung, die in ihm ihren Höhepunkt und ihre glänzendste wissenschaftliche Begründung erlangte. Es war die Zeit, die nur das Vernunftgemässe gelten lassen, allenthalben vernunftgemässe Anfänge setzen und die Wirklichkeit nach den Gesetzen der Vernunft umgestalten wollte. Mit dieser von jeder Rücksicht auf das geschichtlich Gewordene und geschichtlich Berechtigte absehenden Tendenz ging Hand in Hand eine ebenso abstrakte Wertschätzung des vernunftbegabten Subjektes: Der Mensch ist von Natur frei, alle sind einander gleich, in jedem ist die Würde des ganzen Geschlechts zu ehren. Diese Anschauung vom Menschen ist der Ausgangspunkt, die Gewinnung eines aus der Gesetzgebung der Vernunft fliessenden für die Umgestaltung des Bestehenden vorbildlichen Staatsideals ist die Tendenz der rationalistischen Staatstheorie.

Die wesentlichen Züge des auf solchen Grundlagen entworfenen Staatsbildes sind: der Gesellschaftsvertrag, die Trennung der Gewalten, die Volksrepräsentation.

Weder was Ausgangspunkt und Tendenz noch was das Resultat betrifft, verleugnet Kant seine Zugehörigkeit zu dieser Schule. Es spiegeln sich somit auch in seiner Staatstheorie die Gedanken, Stimmungen und Ereignisse seiner Zeit, freilich nicht ohne dass seine Genialität ihnen ein eigentümliches Gepräge verliehen hätte.

Diese Zugehörigkeit offenbart sich vornehmlich in Kants Stellung zur französischen Revolution. Diese bildete, in gleicher Weise wie zuvor schon die nordamerikanische,

---
*) Ebenda, Einleitung S. 18.

den Versuch, die Sätze des rationalistischen Staatsrechts in die Praxis umzusetzen. Freiheit und Gleichheit als die unverjährbaren angeborenen Menschenrechte wurden proklamiert, daraus die Souverainität des Volks und die Unverbindlichkeit einer Staatsverfassung für ein gegenwärtiges oder künftiges Geschlecht gefolgert,*) eine neue den Gesetzen der Vernunft entsprechende Verfassung ward eingeführt.

Es ist bekannt, mit welcher Teilnahme Kant die Revolution begrüsst hat. Er sah in ihr ein Phänomen, das unwiderleglich den moralischen Fortschritt der Menschheit beweise nicht nur durch die Offenbarung eines nach vernunftgemässem Recht verlangenden Gemüts der handelnden Personen, sondern auch durch den „Enthusiasmus und die Teilnehmung", die es in den Seelen der Zuschauer erweckt hat. Er betrachtete sie als einen zwingenden Beweis dafür, dass das staatliche Leben der Völker sich im Sinne der Gerechtigkeit umbilde, und als eine Weissagung, dass diese Umbildung immer grössere Fortschritte machen werde; „denn ein solches Phänomen vergisst sich nicht".

Und doch bei aller Verwandtschaft der leitenden Ideen — welch eine tiefe Kluft zwischen der Theorie Kants und der Praxis der Revolutionsmänner! Nicht nur die greuelvolle Ausartung der französischen Bewegung verabscheut er so heftig, dass ihm die Hinrichtung Ludwigs XVI. wie eine politische Todsünde erscheint, sondern er leugnet auch aufs entschiedenste jedes aktive Widerstandsrecht des Volkes und verbietet, aus dem Gesellschaftsvertrag und der ihm korrespondierenden Volkssouverainität revolutionäre Konsequenzen zu ziehen. Darin zeigen sich sein streng rechtlicher Sinn, seine philosophische Klarheit und Tiefe, und nicht am wenigsten auch sein preussischer Patriotismus.

Wenn behauptet worden ist:**) „Der preussische Staat war für Kant der Staat überhaupt; von diesem abstrahierte er die meisten der von ihm aufgestellten politischen Sätze," so hat das eine gewisse Berechtigung. „Viele der politischen Gedanken, welche die Halbbildung heutzutage als Ideen von 89 zu feiern pflegt, waren in Preussen längst durchgeführt, oder der Verwirklichung nahe: Die Gewissensfreiheit bestand von altersher, desgleichen

---

*) Dahlmann, franz. Revolution, S. 241 ff.
**) Prutz, Kant und der preuss. Staat, Pr. Jhrb. 49. Bd., S. 535 ff.

eine wenig beschränkte Freiheit der Presse, die Kirchen waren im evangelischen Norden fast überall der Hoheit des Staats untergeordnet und ihre Güter säcularisiert; eine wohlmeinende landesherrliche Verwaltung setzte den Herrenrechten des Adels enge Schranken."*) Es ist klar, dass Kants Staatsidee diese Zustände wiederspiegelt, aber das Wesentliche sind sie nicht darin. Das sind vielmehr die Ideen vom Gesellschaftsvertrag, von der Gewaltentrennung, von der Volksrepräsentation. Nun ist eben das Originelle bei Kant, dass er diese auch von anderen vor ihm aufgestellten philosophischen Theorien nicht im starren Wortlaut aufgefasst und durchgeführt, sondern als leitende Gesichtspunkte zu einer Regierung im Geiste der Gerechtigkeit in Geltung wissen wollte. Hier glauben wir, neben seiner wissenschaftlichen Nüchternheit, die allen utopistischen Phantasien, wie sie der Vertragstheorie nahe liegen, und allem überstürzenden Reformeifer, wie ihn liberale Doktrinen leicht im Gefolge haben, von Grund aus abhold war, den Einfluss des preussischen Staats auf sein Denken wahrzunehmen. Keine von jenen Forderungen war wörtlich erfüllt und doch war die Gerechtigkeit die Grundsäule des Staats, dessen Fürsten den Wahlspruch „Suum cuique" auf ihre Fahne geschrieben hatten. Der segensreiche, durch glänzende Erfolge gerechtfertigte, der vernünftigen Aufklärung huldigende Absolutismus Friedrichs II., der „jedes Hasses, jeder Liebe bar gleichsam unpersönlich immer nur wollte, was die klar erkannte Lage seines Staats gebot,"**) der also den kategorischen Imperativ auch auf dem Throne Gehör lieh, entlockte dem Philosophen die seinem sonstigen Radikalismus doch nur scheinbar widersprechende Anerkennung: dass er eine dem Geiste eines repräsentativen Systems gemässe Regierungsart angenommen habe; denn Friedrich II. habe wenigstens gesagt: er sei der erste Diener des Staats.***)

II. Hegel und seine Zeit.

Während Hegel immer höher stieg in seiner glänzenden wissenschaftlichen Laufbahn, fand ein mächtiger Umschwung der Zeiten statt. In der Restauration erfolgte der notwendige Rückschlag auf die Revolution: die Wieder-

---

*) Treitschke, Deutsche Geschichte im 19. Jhrhdt., I. S. 118.
) Treitschke, a. a. O., S. 67; — *) z. ew. Frieden, S. 163.

herstellung und Befestigung der alten, wankend gewordenen Gewalten ward mit Eifer betrieben, jede freiheitliche Regung durch ängstliche Polizeimassregeln unterdrückt; Preussen blieb mitten in seinen wohlthätigen Reformen stecken, unterliess es namentlich sie durch die Verleihung der verheissenen Verfassung zu krönen.

Das geistige Leben hatte sich unter dem Eindruck der gewaltigen Ereignisse und Umwälzungen, die man klopfenden Herzens und mit einem durchs Glück ebenso wie durch das Elend gedemütigten Sinn durchlebt hatte, von den stolzen Ansprüchen des Rationalismus, die Welt nach Vernunftgesetzen umzugestalten, enttäuscht und unbefriedigt abgewendet und sich dem Zauberkreis der Romantik anvertraut, der ihr aus der liebevollen Betrachtung der Natur und der Geschichte erwuchs. Die Romantik, die ja nicht bloss auf das Gebiet der schönen Litteratur eingeschränkt blieb, lenkte die Aufmerksamkeit auf den Reichtum, Glanz und Schimmer der Geschichte und lehrte in ihrem wunderbaren Gang das Walten einer erhabenen Vernunft, das Walten Gottes erkennen. Ein neu erwachender historischer Sinn machte sich auf allen Gebieten der Wissenschaft geltend, so auch auf dem des Rechts, wo er die abstrakten Theorien eines undurchführbaren Naturrechts gründlichst verwarf und die Verschiedenheit wie die bleibende Bedeutung des positiven Rechts geschichtlich zu begreifen suchte. Dabei wurde das Individuum nicht mehr einseitig ins Auge gefasst als im Naturzustande befindlich, losgelöst von aller geschichtlichen Bedingtheit, sondern wie es sich in der Wirklichkeit darstellt, umgeben und beschränkt, getragen und getrieben von den sozialen Mächten, von den Mächten der Geschichte.

Wie sollte Hegel unberührt geblieben sein von diesen Strömungen seiner Zeit? Er war nichts weniger als Romantiker und ihrem phantastischen Wesen herzlich abhold, aber — wie bestimmt er auch das philosophische vom geschichtlichen Begreifen unterschieden wissen wollte[*)] — „den Ideen der historischen Rechtsschule standen die Grundgedanken seiner Geschichtsphilosophie sehr nahe".[**)] Hat er es zwar als einen dem Jahrhundert zugefügten Schimpf[***)] bezeichnet, dass der Führer dieser Schule seiner Zeit den Beruf zur Gesetzgebung absprach, so

---

[*)] Ph. d. R. § 3, Anm. — [**)] Treitschke, a. a. O. III. 718.
[***)] Ph. d. R. § 211, S. 268.

stimmte er doch mit ihr darin überein, dass eine Verfassung nicht gemacht werden könne, sondern werden müsse.*)

Dank diesem für die Vernunft der Geschichte offenen, ja diese erst mit voller Klarheit aufdeckenden Sinn Hegels steht nicht die vorbildende, normgebende Thätigkeit der Vernunft im Vordergrund seiner Philosophie, sondern ihre nachschaffende, begreifende Thätigkeit, die mit dem sicheren Instinkt der Congenialität die ganze Welt des Wirklichen als durch die Gestaltungskraft der ewigen Weltvernunft hervorgebracht, als ein Werk und Abbild der an sich seienden Vernunft erkennen sollte. „Das was ist zu begreifen, ist die Aufgabe der Vernunft; denn das was ist, ist die Vernunft ... Um noch über das Belehren, wie die Welt sein soll, ein Wort zu sagen, so kommt dazu ohnehin die Philosophie immer zu spät ... Wenn sie ihr Grau in Grau malt, dann ist eine Gestalt des Lebens alt geworden und mit Grau in Grau lässt sie sich nicht verjüngen, sondern nur erkennen."**)

Ist die Tendenz, von der Hegel geleitet wurde, wie diejenige Kants aus einem allgemeinen Zuge jener Tage, aus der Richtung auf das Verständnis des geschichtlich Gewordenen, zu begreifen, so fordern solche Aeusserungen, wie die eben zitierten, direkt dazu auf, in seiner Staatstheorie auch inhaltlich den Einflüssen des damaligen politischen Lebens nachzugehen. Er hat namentlich durch das vielberufene Wort von der Wirklichkeit des Vernünftigen und von der Vernünftigkeit des Wirklichen, selbst Anlass gegeben, dass man ihn einen Reaktionär gescholten hat, einen Hof- und Staatsphilosophen, der dem, was in der Periode der Restauration galt, den wissenschaftlichen Ausdruck gegeben habe.***) Und doch trennt ihn eine tiefe Kluft von dem Mann, der durch sein berüchtigtes, von Hegel bekämpftes Buch jener Periode den Namen gegeben zu haben scheint.

Wie sehr ihm auch Preussen — gewiss ihm in noch höherem Grade als Kant — der Staat überhaupt gewesen sein mag, sein Staatsbild deckt sich keineswegs vollständig mit dem gleichzeitigen Preussen. Hier ein allerdings gemässigter Absolutismus, dort eine konstitutionelle Monarchie. Hier — und zwar erst nach dem Erscheinen der Rechtsphilosophie — Provinzialstände, dort Gesamt-

---

*) Ph. d. R. § 274, S. 353, cf. Treitschke n. n. O. II, S. 63.
**) Ph. d. R. Einleitg., S. 18 u. 20.
***) Erdmann, die Entw. d. deutschen Spek., III § 51, 5.

vertretung des ständisch organisierten Volks durch Abgeordnete einer ersten und zweiten Kammer. Gerade in dieser Hauptfrage der damaligen Zeit war Hegel also doch nicht so reaktionär als man ihm vorgeworfen hat, besonders wenn man hinzunimmt, dass er bei aller Hochstellung des Monarchen ihn nur als den Punkt auf dem J bezeichnet. In den Fragen über die administrative Selbstständigkeit der Kommunen und Korporationen pflichtete er ganz den bewährten Reformen der Stein-Hardenbergschen Epoche bei. Ausserdem enthält seine Staatsphilosophie eine Reihe von Forderungen, deren Erfüllung erst eine spätere Zeit brachte: Die Schwurgerichte, die Oeffentlichlichkeit der Rechtspflege und der parlamentarischen Verhandlungen, die es zwar noch nicht in Preussen aber in den konstitutionell regierten süddeutschen Monarchien bereits gab. Mag man es tadeln, dass er durch mancherlei Einschränkungen, bezw. durch abschwächende Begründung diesen Forderungen die wertvolle Spitze abgebrochen habe*) — dass er sie überhaupt erhob und dadurch beitrug, sie gleichsam in Uebung zu bringen, entlastet denn doch seinen politischen Ruf nicht wenig. Auch daraus, dass er für Beibehaltung der Innungen plädierte, was mit seiner Grundanschauung vom Staat wesentlich zusammenhängt, darf man ihm keinen Vorwurf machen; denn hierin gieng er mit den Liberalen jener Tage, die, wenigstens in Süddeutschland, die Zünfte nicht zu Gunsten der Gewerbefreiheit aufgehoben, sondern nur reorganisiert zu sehen wünschten.**) Endlich gerade in dem Punkte, worin Hegel wirklich reaktionär aber auch zugleich ganz und gar unpreussisch war, in der Unterschätzung des Segens und der Gerechtigkeit der allgemeinen Wehrpflicht, befand er sich erst recht in Uebereinstimmung mit dem Liberalismus.

III. Ergebnis aus der geschichtlichen Betrachtung.

Dadurch dass wir die Staatstheorien Kants und Hegels in ihrer zeitgeschichtlichen Bedingtheit betrachtet haben, hat sich uns ein wichtiges Moment zum Verständnis ihrer Verschiedenheit ergeben. Wichtiger als die Aufnahme solcher Elemente, die ihnen durch gleichzeitige politische Zustände und Ereignisse nahegelegt wurden, ist der Umstand, dass sowohl Kant als auch Hegel von der Strömung

---

*) Haym, Hegel u. seine Zeit, 15. Vorlesung, S. 359 ff.
**) Treitschke, a. a. O. III, S. 876.

des geistigen Lebens ihrer Zeit so ergriffen sind, dass der Versuch gemacht werden muss, daraus die Unterschiede zu begreifen. Es ist die besondere **Tendenz**, von der sie bei der Aufstellung ihrer Staatstheorie beherrscht sind, und die eigentümliche **Grundanschauung** vom Individuum und seinem Verhältnis zur Gesamtheit, wodurch sie mitten in ihrer Zeit stehen und sich so von einander unterscheiden, dass man die Spuren davon sich durch das ganze Staatsrecht wird hindurchziehen sehen können.

Kant intendiert eine apriorische Konstruktion, Hegel eine aposteriorische Deutung des Staats. Kant, den Abstraktionen des Rationalismus folgend, legt das grösste Gewicht auf den Einzelnen, der ideell früher ist als die Gesamtheit; Hegel, vom geschichtlichen Sinn seiner Zeit ergriffen, betont mit nicht geringerem Nachdruck die Gesamtheit, die Institutionen und Mächte, innerhalb deren allein der Einzelne geschichtlich anzutreffen ist.

§ 5.
Philosophische Untersuchung.

I. Berührungspunkte zwischen Kant und Hegel.

1. Die Freiheit und das Recht.

Ehe die tiefgreifenden Differenzen beleuchtet werden, die zwischen Kants und Hegels Staatsidee obwalten, seien kurz die Berührungspunkte ins Auge gefasst, die trotz allem nicht fehlen. Sie finden sich nicht bei der eigentlichen Staatstheorie, sondern in der Anschauung vom Recht, das seine peremptorische Geltung nur innerhalb des Staates bezw. der bürgerlichen Gesellschaft hat, und in der Auffassung der Geschichte, in deren Betrachtung die Abwandlung des äusseren Staatsrechts ausmündet.

Kant und Hegel gründen das Recht auf die Freiheit. Sie sind vor allem darin einig, dass der Mensch als Vernunftwesen anzusehen ist, das bei aller Bedingtheit durch die Naturgrundlage seiner räumlich-zeitlichen Existenz, sich durch freie Aktivität von ihr unterscheidet, sich über sie erhebt. Nur kraft seines Charakters als Vernunftwesen kommt dem Menschen die Freiheit zu. Vernunft und Freiheit sind bei Kant und Hegel so engverwandte Begriffe, dass man sich kaum allzuweit von ihrer Meinung entfernt, wenn man behauptet, es sei bei beiden die Freiheit die eigentliche Wesensbestimmung der Vernunft. Vernunft ist Spontaneität nicht nur des Denkens sondern auch des Wollens, Freiheit ist Aktivität der Vernunft.

Nun trennen sich freilich alsbald die Wege, auf denen Kant und Hegel den Begriff der Freiheit weiter verfolgen. Hegel wirft Kant vor,*) dass die Freiheit nach seiner Auffassung nur die formelle Selbstthätigkeit sei, während er ihr einen realen Inhalt zu geben meint, indem er den

---

*) Ph. d. R., § 15.

freien Willen als den bezeichnet, der sich selbst will. Das mag damit zusammenhängen, dass Kant aus dem apriorischen Sittengesetz, aus dessen Existenz allein die Möglichkeit der Freiheit erschlossen werden konnte, jede materielle Bestimmung, als die Reinigkeit desselben trübend, fern halten musste. Hegel dagegen hat es leicht, dem freien Willen einen Inhalt zu geben, weil er von der durch sein nachfolgendes System gerechtfertigten Voraussetzung ausgeht, dass es eine vom Willen geschaffene Welt gebe, die sein ureigenes Wesen zur Erscheinung bringe; ein solcher sich selbst objektivierender Wille ist frei, ist auch inhaltlich näher bestimmt. Ist auf diese Weise in der That eine Inhaltsbestimmung gewonnen? Doch nur scheinbar. Bildet man nämlich aus den von Hegel gegebenen Elementen ein Sittengesetz, so müsste es etwa lauten: Handle so, dass alle Zwecke Deines Handelns als der Ausdruck Deiner vernünftigen Feiheit erscheinen. Damit ist aber wieder nur die Form des Handelns angegeben, keineswegs der Inhalt: denn es ist nicht gesagt, welche Zwecke den geforderten Charakter an sich tragen. Kant hat es deutlich genug dargethan, warum *a priori* hierüber überhaupt nichts ausgesagt werden kann.

Ist die von Hegel hier markierte Differenz nur scheinbar, so kann dagegen nach einer anderen Seite hin mit grösserem Recht von einer solchen geredet werden. Man kann sich des Eindrucks nicht erwehren, als wäre bei Kant, dem die Freiheit identisch ist mit der sittlichen Autonomie, die Kraft der Initiative, die Energie des Wollens durchgehends lebhafter betont als bei Hegel, der unter anderem die Freiheit auch definiert als freie Intelligenz. Sie erscheint innerhalb des Systems sozusagen nie in Aktion als selbständig wirkende Causalität, sondern als das Bewusstsein von der Verwirklichung allgemeiner, also gedachter, von der Vernunft entworfener mithin, dem eigenen Wesen homogener Zwecke. „Es ist dies Wollen der Freiheit nicht mehr ein Trieb, der seine Befriedigung fordert, sondern der Charakter, das zum trieblosen S e i n gewordene geistige Bewusstsein."*) Diese Verschiedenheit spiegelt sich wieder in der verschiedenen Auffassung des Gewissens, das nach Kant ein strenger Richter in des Menschen eigener Brust ist, während es nach Hegel ein Wissen um das allgemeine, ein Hereinscheinen des Allgemeinen in das Besondere ist.

---

*) Enc. § 482, S. 411.

Diese verschiedene Betonung der sittlichen Freiheit und ihrer lebendigen Kraft ist vielleicht dadurch zu erklären, dass nach Kant sich der Wille bei der Erfüllung seiner Pflicht im Kampfe mit der Neigung befindet, während nach Hegel das Gute in mannigfacher Gestalt wirklich ist und bloss als Offenbarung des eigenen Wesens der handelnden Subjekte erkannt zu werden braucht. Kant nimmt gleichsam seinen Standpunkt im Willen und sieht vorwärts auf die Schwierigkeit, die er zu überwinden hat, wenn er in Kraft seiner Freiheit sich geltend machen will, Hegel dagegen versetzt sich mitten in den Wirkungskreis des Willens und ermittelt, wie der freie, intelligente Wille sich in der von ihm geschaffenen Welt zurechtfindet.

Welche Consequenz das, namentlich bei Hegel, für die Auffassung der politischen Freiheit hat, wird sich später ergeben.

Auf der im wesentlichen, doch gleichen Anschauung vom Menschen als einem freien Wesen ruht die Verwandtschaft, die zwischen dem Rechtsbegriff Kants und Hegels besteht. Zwar polemisiert Hegel*) gegen die Kantsche Definition des Rechts, weil sie teils nur eine negative Bestimmung, die der Beschränkung der Freiheit enthalte, teils auf den Satz der Identität und des Widerspruchs hinauslaufe. Wenn er nun dagegen das Rechtsgesetz dahin formuliert, „sei eine Person und respektiere die anderen als Personen," so ist nicht anzugeben, inwiefern dieses Gebot nicht ebenso auf den Satz der Identität und des Widerspruchs hinausläuft. Rechtsfähige Persönlichkeit basiert auf der Freiheit, diese auf der Vernünftigkeit. Das Rechtsgesetz kann daher auf seinen letzten Grund zurückgeführt auch so ausgedrückt werden: Vernunftwesen, handle vernünftig und setze Dich nicht mit Deinem eigenen Wesen in Widerspruch, indem Du die anderen etwa nicht als Vernunftwesen behandelst, oder hebe nicht das Wesen der Freiheit auf, indem Du kraft Deiner Freiheit die Freiheit anderer verletzest. Und im Verlauf seiner Darlegung des abstrakten Rechts gelangt Hegel selbst zu dem Zugeständnis: „In Beziehung auf die k o n k r e t e Handlung und moralische und sittliche Verhältnisse ist gegen deren weiteren Inhalt das abstrakte Recht nur eine Möglichkeit, die rechtliche Bestimmung daher nur eine E r l a u b n i s oder B e f u g n i s. Die Notwendigkeit dieses Rechts beschränkt sich aus demselben Grunde seiner

---

*) Ph. d. R., § 29, S. 61.

Abstraktion auf das Negative*), die Persönlichkeit und das daraus Folgende nicht zu verletzen. Es giebt daher nur Rechtsverbote, und die positive Form von Rechtsgeboten hat ihrem letzten Inhalt nach das Verbot zu Grunde liegen.**)

Wenn Kant und Hegel die sittliche Freiheit des Menschen behaupten und darauf das Recht gründen, so ist klar, dass diese Freiheit das Gegenteil ist von bodenloser Willkür, bei der es dem Zufall überlassen bleibt, was geschieht und was nicht geschieht. Eine solche Auffassung der Freiheit würde dem sittlichen Gefühl ebenso widerstreben wie ihr Pendant, der absolute Determinismus. Indem sie beides ablehnen, zeigen sie den Weg zu einer hohen Würdigung des Rechts. Wo die unberechenbare, nirgends fassbare Willkür herrschte, wäre überhaupt kein Recht möglich; wo nur der Mechanismus der Natur spielt, gibt es zunächst einen Kampf aller gegen alle und ein Recht des Stärkeren, allmählich wird sich auch durch Druck und Gegendruck ein Gleichgewicht der Kräfte und eine leidliche Ordnung des Nebeneinanderseins herausstellen, aber man fügt sich in diese Ordnung nur widerwillig und durch die Uebermacht der Umstände gezwungen, ohne sie innerlich anzuerkennen und mit der Absicht sie zu durchbrechen, sobald man die Kraft hat, ihr erfolgreich und ungestraft zu widerstreben. Das Recht ist dann aber nur die Formel, die den Ausgleich der sich widerstrebenden Kräfte nach seinem jeweilig erreichten Stand möglichst vollständig auszudrücken versucht. Es ist kein Zweifel, dass die Rechtsordnung auf dem oben angedeuteten Weg geschichtlich zu stande gekommen ist, weil die sinnliche Natur des Menschen in den meisten Fällen den vernünftigen Charakter in ihm überwiegt. Wenn aber jene Formel schon das letzte Wort wäre, so würde das Recht eine untergeordnete Rolle spielen, der Selbstsucht dienen, die Stellung gleichsam eines Polizeidieners einnehmen und damit die Würde des Menschen vernichten. Dagegen erscheint das auf die Vernünftigkeit des Menschen begründete Rechtsgesetz als ein in sich wertvolles Gut, nimmt die selbständige Würde und Bedeutung eines edlen Schirmvogts der Freiheit ein, stellt sich dar nicht als ein lästiges aber unvermeidliches Mittel der Selbstbehauptung, sondern als ein verehrungswürdiger Zweck der Vernunft, der die Menschen anleitet, das was durch den Mechanismus der Triebe an-

---

*) Vom Verf. unterstrichen. — **) Ph. des R. § 38, S. 73 f.

gebahnt worden ist, mit bewusster Einsicht auszubauen und zu vollenden.

2. Die Strafe.

Eine bedeutsame Uebereinstimmung, die ohne Zweifel aus der eben dargelegten hohen Wertschätzung des Rechts fliesst, zeigt sich in der ziemlich gleichartigen Begründung der Strafe.

Kant und Hegel vindizieren dem Rechte Zwangsgewalt. Kant bezeichnet es als eine im Satze des Widerspruchs begründete Notwendigkeit, dass der durch Missbrauch der Freiheit bedrohte oder vergewaltigte rechte Gebrauch derselben durch Zwangsmittel in seiner allgemeinen Geltung geschützt werde. Hegel behauptet, dass die in einer äusseren Sache existierende Freiheit, die durch das Unrecht vergewaltigt ist, durch eine jenes aufhebende Gewalt in ihrem Dasein erhalten werden müsse. Damit ist aber nur die Notwendigkeit und das Recht zur Verhinderung und Entfernung des Unrechts ausgesprochen; allein woher kommt es, dass demjenigen, der Unrecht gethan hat, dafür ein Uebel zugefügt wird? Wie ist die nicht bloss das beabsichtigte Unrecht inhibierende und das vollbrachte sanierende, sondern den Verbrecher strafende Thätigkeit des Staats bezw. der Gesellschaft zu rechtfertigen?

Weder Kant noch Hegel versuchen es mit der Rücksicht auf Wohl und Wehe der Gesamtheit oder mit der auf sittliche Besserung des Verbrechers. Teils hält sie davon ab die Auffassung des Menschen als Vernunftwesen, das nicht als Mittel zum Zweck gebraucht werden darf oder nicht auf unsittlichem Wege durch Drohung, die sich an die Unfreiheit wendet, wahrhaft gebessert werden kann, teils die hohe Meinung vom Recht, das durch eine solche Begründung der Strafe in seiner selbständigen Würde und Bedeutung angegriffen würde.

Wenn vielmehr Kant sagt:*) „Das Strafgesetz ist ein kategorischer Imperativ" und Hegel:**) „Die Strafe ist Negation der Negation des Rechts", so wollen sie beide die Strafe hinstellen als eine sittliche bezw. logische Notwendigkeit zur Wiederherstellung des Rechts. Dadurch dass sie die Ausführung der Strafe in der Weise fordern,

---

*) S. o. S: 5; — **) S. o. S: 20.

dass der Verbrecher unter sein eigenes Gesetz gestellt wird, wahren sie ihm den Charakter eines Vernunftwesens.

Ist denn aber überhaupt eine Wiederherstellung des Rechts in seinem ganzen Umfang möglich? Das Recht ist doch nur in einer bestimmten Person gekränkt worden und der Zustand vor der Kränkung kann durch nichts wieder hergestellt werden, nachdem sie einmal in die Reihe der wirkenden Ursachen eingetreten ist. Geschehenes kann nicht ungeschehen gemacht werden, am allerwenigsten durch Verhängung des Strafübels. Soll aber nur die unveränderte Geltung des Rechts proklamiert werden, so kann das durch eine feierliche Erklärung ebensogut geschehen wie durch die Strafe. Aus dem Begriffe des Rechts allein wird also schwerlich begründet werden können, warum die thatsächliche Reaktion gegen das Verbrechen, die sittliche Empörung gegen den Frevel die Form annimmt, dass sie Böses mit Bösem vergilt.

Entsprechend dieser Begründung der Strafe durch eine sittliche Notwendigkeit, die von jeder anderen Rücksichtnahme als derjenigen aufs Recht abstehen heisst, befinden beide, Kant und Hegel, das Gesetz der Gleichheit, das *jus talionis* allein als *a priori* tauglich zur Festsetzung für Strafart und -maass mit dem Unterschied allerdings, dass Kant grösseren Nachdruck auf die strenge Gleichmässigkeit des Unrechts und der Strafe legt, während Hegel diese nur bei der Todesstrafe strikte durchgeführt wissen will, sonst aber die Wiedervergeltung im Sinne der inneren Angemessenheit versteht. Seine Meinung entspricht ganz entschieden mehr als diejenige Kants unserem heutigen, humaneren Rechtsgefühl.*)

3. Der Staat und die Geschichte.

Die beiden Philosophen stimmen endlich darin überein, dass sie die Geschichte unter dem Gesichtspunkte des Zwecks betrachten und eine fortschreitende Entwicklung der Menschheit annehmen. Als das Ziel dieser Entwicklung, die das eigentliche Thema der Weltgeschichte bildet, erscheint nach beiden der vollkommene Staat, wie verschieden sie sich ihn auch gedacht haben.

---

*) cf. zu diesem Abschnitt Lotze, Grundzüge der prakt. Phil. § 50 ff., wo sich alles findet, was gegen das Wiedervergeltungsrecht vom Standpunkt der Empirie gesagt werden kann. Freilich wie man *a priori* die schwierige Frage lösen kann, ist dort nicht gesagt.

Kant beruft sich zum Beweis für den von ihm behaupteten Fortschritt, wie früher gezeigt worden ist, auf die Revolution. Diese ist ihm ein unbezweifelbares Symptom dafür, dass der Gerechtigkeit eine immer völligere Anerkennung und umfassendere Wirksamkeit zu teil werde. Die Form, in der allein sie Einfluss hat auf das Zusammenleben der Menschen, ist der Staat. Je konsequenter und allseitiger sie im Staate und allen seinen Institutionen zur Geltung kommt, desto vollkommener ist der Staat. So steht am Ende dieser Entwicklung im Sinne der Gerechtigkeit der vollkommene Staat. Da eben die Gerechtigkeit ein Hort der Freiheit ist, so findet in der Geschichte mit der Umbildung der Staaten im Sinne der Gerechtigkeit zugleich ein Fortschritt der Menschheit statt in der Richtung auf die Freiheit. Das Ziel dieser Entwicklung ist also die Freiheit im vollkommenen Staat.

K. Fischer*) hat darauf hingewiesen, dass in dieser Kantschen Auffassung der Geschichte die Wurzeln der Hegelschen Behauptung lägen, dass die Geschichte nichts anderes sei als die Naturgeschichte der Freiheit. Wie das von Hegel gemeint ist, kam früher schon zur Darstellung. Die Erinnerung daran ruft zugleich den trotz allem bestehenden Unterschied zwischen der näheren Ausführung desselben Grundgedankens ins Gedächtnis.

Man hat dieser Betrachtung der Geschichte unter dem politischen Gesichtspunkt entgegengehalten, dass sie der ganzen Fülle der geschichtlichen Erscheinungen nicht gerecht werde, weil sie die unerschöpfliche Thätigkeit der Menschheit auf dem Gebiete der Kultur ausser Acht lasse. Sodann wurde namentlich Hegel, der im Gegensatz zu Kants vorsichtiger Zurückhaltung ein detailliertes Schema des Geschichtsverlaufs aufgestellt hat, getadelt, dass er die Fülle des Lebens in die logische Formel presse. Ranke*) — und wer wäre dazu berufener gewesen! — hat in treffender Weise nicht nur den Widerspruch der Thatsachen mit dem Schema, sondern auch die Schwächen der philosophischen Theorie, die zu einer unwürdigen Vorstellung Gottes und zur Ungerechtigkeit gegen das individuelle Leben führe, dargethan. Aber gerade Ranke hat auch Anlass gegeben, die bleibende Bedeutung dieser Geschichtsauffassung anzuerkennen.

---

*) Gesch. der neueren Phil., IV. Band.
**) Weltgeschichte, 9. Band, Vorwort u. 1. Vortrag.

Seine eigenen Intentionen interpretierend hat er es für notwendig erklärt, dass der Historiker die liebevolle Erforschung und Darstellung des Einzelnen mit einer Gesamtanschauung verbinde, und hat es als den Gewinn einer allgemeinen Anschauung der Weltbegebenheiten bezeichnet, dass das Bedürfnis einer solchen zur Einzelforschung antreibe, während diese hinwiederum verhüte, dass die allgemeine Auffassung zu einem Hirngespinst werde. Diesem Bedürfnis nun nach einer Gesamtanschauung hatten jene Theorien Kants und Hegels vom Verlauf des geschichtlichen Lebens zu genügen gesucht. Und bei allen Einwendungen gegen das Einzelne dieser Theorien muss man es hoch anschlagen, dass zwei solche Heroen deutscher Geisteswissenschaft wie Kant und Hegel im schroffen Gegensatz zu denen, die in der Geschichte nichts als ein Chaos von Ereignissen ohne Sinn und Zweck erblicken, den Glauben an ihre Teleologie gestärkt haben, indem sie sie als ein planvolles Geschehen aufzufassen lehrten, dessen Zusammenhang und Bedeutung die immer siegreichere Forschung Schritt für Schritt stets besser aufhellt, wenn auch manches Rätsel unserem endlichen Erkennen ewig unlösbar bleiben wird.

II. Der Unterschied zwischen Kant und Hegel.

1. Individuum und Gesamtheit.

Es ist schon im geschichtlichen Teil dieser Untersuchung darauf hingewiesen worden, wie verschieden Kant und Hegel unter dem Einfluss ihrer Zeit das Verhältnis bestimmt haben, welches zwischen Individuum und Gesamtheit besteht. Jetzt kommt es darauf an, zu zeigen, wie diese prinzipielle Verschiedenheit in der Bestimmung dieses Verhältnisses philosophisch begründet ist und wie sie bei der näheren Ausführung der Staatsidee notwendig zu entgegengesetzten Aufstellungen führen musste.

Will man den Gegensatz, der hier zu Tage tritt, in seiner tiefsten Wurzel blosslegen und pointiert aussprechen, so kann man ihn dahin formulieren: Nach Kant ist der Mensch Selbstzweck, nach Hegel der Staat.

Kant betont mit dem grössten Nachdruck die Selbstständigkeit, Würde und Bedeutung der Einzelvernunft.

Wenn er in der Grundlegung zur Metaphysik der Sitten*) dem jeder Ethik unentbehrlichen Begriff des Zweckes, der dem Willen zum objektiven Grund seiner Selbstbestimmung dient, näher tritt und einen solchen sucht, der die Möglichkeit eines kategorischen Imperativs begründend würdig ist, Zweck an sich selbst zu sein, gelangt er zu der Ueberzeugung: „Der Mensch und überhaupt jedes vernünftige Wesen **existiert** als Zweck an sich selbst, **nicht bloss als Mittel** zum beliebigen Gebrauch für diesen oder jenen Willen, sondern muss in allen seinen, sowohl auf sich selbst, als auch auf andere vernünftige Wesen gerichteten Handlungen jederzeit **zugleich als Zweck** betrachtet werden." Es ist klar, dass hier der Mensch vornehmlich nach seinem Begriff ins Auge gefasst ist, wie er, der die Quelle einer zweifachen Gesetzgebung in sich trägt, als Vernunftwesen gewürdigt werden muss; denn thatsächlich ist die Vernünftigkeit, die in jedem als Anlage zu respektieren ist, zunächst verborgen unter der tierischen Naturseite und auch in dem gereifteren Menschen durch die aus dem Naturzusammenhang fliessende Bedingtheit vielfach gebrochen. Diese begriffsmässige Auffassung und abstrakte Wertschätzung des Einzelnen hat sehr bedeutsame Konsequenzen für die Ausbildung der Kantschen Staatsidee.

Vor allem hat sie dazu geführt, dass K. den Staat wenn auch nicht geschichtlich so doch ideell auf den Vertrag gegründet ansehen lehrte. Nur dann nämlich, wenn man sich den Ursprung der Staatsgewalt aus einer gemeinsamen Uebereinkunft erflossen denkt, ist der Würde und Selbständigkeit des Individuums Genüge gethan, nur dann ist der in jeder staatlichen Ordnung vorhandene allgemeine Zwang mit der individuellen Freiheit, deren Recht das höchste ist, auf vernünftige Weise ausgeglichen.

Hegels ironische Bemerkung, dass diese Theorie, die Minorität sich gehorsam der Majorität unterwerfen lasse, beweist nichts gegen sie; denn in der Idee eines Vertrags liegt die Zustimmung aller, dass die Majorität gelten solle, da von einem ganzen Volk niemals Einstimmigkeit erwartet werden kann.**) Dies Prinzip ist vollkommen gerecht, weil es der momentanen Minorität ebenso zugute kommt, sobald sie sich durch die Gunst der Umstände in die Majorität verwandelt hat.

---

*) 2. Abschnitt, S. 51 ff.
**) cf. Kant, Th. u. Pr. S. 124.

Bedeutsamer ist ein anderer Einwand Hegels. Er behauptet, dass man den Staat auf die Willkür, auf das Belieben gründe, wenn man ihn auf den Vertrag gründe; denn im Vertrag seien zwei Personen, von denen jede Eigentümer bleiben wolle. Das hätte etwa den Sinn, dass der einzelne Vertragschliesende seine Zustimmung gegen Verzicht auf das ihm gewährte Gut wieder zurückziehen oder sich für entbunden des gegebenen Versprechens halten könne, wenn er die Bedingungen nicht mehr beobachtet zu finden glaubt, unter denen er es gegeben hat. Wie stimmt nun aber zu diesen Folgerungen aus dem Vertrag die Behauptung Kants, dass das Rechtsgesetz ein kategorischer Imperativ, die Zugehörigkeit zu einer Rechtsgemeinschaft ein Gebot der Vernunft sei?

Das Rechtsgesetz, das sich nebenbei bemerkt gegen die Triebfeder seiner Verwirklichung gleichgiltig verhält, gilt dem Menschen als *Homo phänomenon*, macht ihm die Unterwerfung unter das Rechtsgesetz zur unerlässlichen Pflicht, nachdem er einmal durch den Mechanismus der Natur unvermeidlich auf das Zusammenleben mit anderen angewiesen ist. Der Vertrag dagegen, so wie Kant ihn auffasst, als notwendige Vernunftidee, betrachtet den Menschen als *Homo noumenon*, dessen faktische Unterwerfung unter das Rechtsgesetz man sich nicht anders vorstellig machen kann, wenn Freiheit und Autorität auf vernünftige Weise ausgeglichen gedacht werden sollen. Aber eben weil der Einzelne als *noumenon* zur Geltung gelangt, kann man nicht annehmen, dass er Grund zur Zurücknahme seiner Zustimmung im Vertrag haben werde. Die Idee eines Vertrags gilt deshalb nicht dem Einzelnen, um für sich Folgerungen daraus zu ziehen, sondern für den Gesetzgeber, damit er seine Gesetze den Bedingungen der Vernunft entsprechend geben kann. Deshalb ist es Pflicht, auch solche Gesetze für gerecht zu halten, denen das Volk momentan nicht zustimmt, sofern es aus *phänomenis* zusammengesetzt ist, wenn nur m ö g l i c h ist, dass alle als *noumena* zustimmen. In der wohlverstandenen Theorie vom Vertrage sind also — wie Kant das in seiner Schrift von dem Verhältnis der Theorie zur Praxis näher ausgeführt hat — keineswegs jene fatalen Konsequenzen enthalten, die Hegel in der Revolution offenbar werden sah und um derentwillen er sie nachdrücklich bekämpfte. Und darum kann man sagen, wenn die Lehre vom Staatsvertrag in jener keuschen Zurückhaltung, in jener wissenschaftlichen Tiefe vorgetragen wird wie bei Kant, so ist sie nicht nur ungefährlich, sondern klarer, freier, sowohl dem Rechte des Individuums als dem unweigerlichen Bedürfnis der Verbindung von Anschaubarkeit mit der Tiefe des Begriffs besser Rechnung tragend als die etwas mystische Theorie Hegels, die hernach zur Besprechung kommt.

Eine weitere Konsequenz aus jener Wertschätzung des Individuums, die Hegel abstrakt und atomistisch nennt, zeigt sich in Kants Beurteilung der Standesunterschiede. Er sieht in dem Einzelnen vor allem den Bürger, der in seiner Würde als Gesetzgeber, die ihm aus der Idee eines Vertrags erwächst, jedem anderen gleich ist. Standesunterschiede, wie sie durch einen erblichen Adel geschaffen werden, vertragen sich damit nicht und müssen einer vernunftgemässen Gleichheit Platz machen. Leibeigenschaft — ausser durch ein Verbrechen verdient — und Erbunterthänigkeit widersprechen nicht bloss der Würde des Staatsbürgers, sondern der Würde eines Menschen überhaupt.

Eine letzte Folge dieser abstrakten Wertschätzung des Einzelnen hat man noch darin zu erblicken, wie Kant sich die Teilnahme des Volks an der allgemeinen Gesetzgebung denkt. Dass er die reine Republik als ein repräsentatives System nur als Vernunftidee geltend wissen will, sieht man daraus, dass er die Fähigkeit und den Eifer der Repräsentanten des Volks, weniger die persönlichen als die allgemeinen Interessen zu fördern, stark bezweifelt. Wo er aber ganz im allgemeinen von der Volksrepräsentation spricht, denkt er sich deren etwaiges Zustandekommen so, dass jeder freie und selbständige Staatsbürger, gleichviel welchen Standes, gleichviel von welch grösserem oder kleinerem Besitz u. s. w. seine Stimme abgibt zur Wahl von Deputierten. Als Wähler seines Deputierten hat der Einzelne teil an der allgemeinen Gesetzgebung und gelangt dadurch zum Genuss seiner politischen Freiheit, die darin besteht, dass er keinem anderen als dem selbstgegebenen Gesetz gehorcht. Weil ihm so eine wirkliche Teilnahme an der Gesetzgebung verstattet ist, hat seine Freiheit einen aktiveren Charakter als die von Hegel behauptete.

Hegel legt das Hauptgewicht nicht auf den Einzelnen, sondern auf die Gesamtheit. Bei aller Betonung des vernünftigen Charakters des Menschen, bei aller Beweglichkeit, die er der subjektiven Freiheit in der Befriedigung individueller Zwecke einräumt, steht ihm doch unendlich höher die Gesamtvernunft, der Weltgeist. Dieser, nicht der einzelne Mensch, nicht das einzelne Volk, dem gegenüber er sich vielmehr dialektisch verhält, ist absoluter Selbstzweck, und da er sich im Staate gleichsam inkarniert, so überträgt sich diese höchste Zweckbestimmung auf den Staat. Dieser ist in solchem Grade ein „Abbild der ewigen Vernunft", dass Hegel ihn „den wirklichen Gott auf Erden" nennt, freilich nicht ohne durch solche starke Behauptungen in Widerspruch zu geraten mit den Ausführungen in der Philosophie des absoluten Geistes, wo Kunst, Religion und Wissenschaft die hier dem Staate beigelegte Bedeutung haben.*)

Wen könnte es wundern, dass bei solcher Hervorhebung der Gesamtheit der Einzelne eine wesentlich andere, eine wesentlich beschränktere Rolle spielt als bei Kant? Des Letzteren Verfahrungsweise „von der Einzelheit als Grundlage hinaufzusteigen" nennt er nicht nur atomistisch, sondern auch geistlos, weil sie nur zu „einer Zusammensetzung führt, der Geist aber nichts Einzelnes ist, sondern Einheit des Einzelnen und Allgemeinen." Deshalb geht Hegel selbst „von der Substanzialität" aus, d. i. von der im Staate vorhandenen, sich gegenseitig durchdringenden Verbindung von Einzelheit und Allgemeinheit, die dem Staate den Charakter einer Organisation der Vernunft verleiht, die Verwirklichung der Freiheit und damit Wirklichkeit der sittlichen Idee ist. Bei dieser Auffassung, wobei der Staat als die alles überwaltende, alles Einzelne zur Allgemeinheit emporhebende Macht erscheint, ist er nicht nur reell — denn der Einzelne ist schon nach seiner Naturseite Bürger des vermutlich durch die fortreissende, elementare Gewalt des „grossen Mannes" gegründeten Staats — sondern auch ideell das Frühere, Höhere, das mit der Würde des unbedingt verpflichtenden Anspruchs ausgestattet ist, dass der Einzelne diesem Allgemeinen mit Bewusstsein sich hingebe und auf der Grundlage seiner ungehindert verfolgten individuellen Zwecke den höchsten Zweck verwirklichen und erhalten helfe.

Die Konsequenz dieser Ueberzeugung, die den Einzelnen vornehmlich nach der ihm vom Ganzen auferlegten Verpflichtung ins Auge fasst und ihn nur so zur Geltung kommen lässt, wie er sich diesem Ganzen organisch eingliedert, offenbart sich darin, wie Hegel die Teilnahme des Volks im staatlichen Leben geregelt wissen will. Er weist den Gedanken einer Repräsentation, die durch die Einzelnen gewählt wird, ab. Dabei käme das Volk bloss

---

*) R. Haym hat das a. a. O. vorzüglich ausgeführt.

als Aggregat, als Haufe, als eine unförmliche, wüste, blinde Masse zur Gewalt und Handlung.*) Er will eine ständische Vertretung. Also nicht in der abstrakten Eigenschaft als Staatsbürger und Mensch, sondern als Angehöriger eines besonderen Standes mit seinen geschichtlichen Traditionen, seinen eigentümlichen Interessen, seinen besonderen Wünschen, — vertreten durch einen Standesgenossen — kommt der Einzelne nach seiner sozialen und geschichtlichen Bedingtheit zur Teilnahme an den öffentlichen Geschäften.

Das Maass dieser Teilnahme ist freilich sehr beschränkt. Hegel äussert sich zwar ziemlich ausführlich über die Bedeutung der ständischen Vertretung, aber er unterlässt es, die Kompetenz der Abgeordneten strikte anzugeben. Er äussert gelegentlich, sie hätten „die Bestimmung, eine lebendige, sich gegenseitig unterrichtende und überzeugende, gemeinsam b e r a t e n d e Versammlung zu sein.**) Die Abgeordneten sollen einen Einblick in den Gang der Geschäfte, in die Thätigkeit der Beamten erhalten. Das alles muss hinreichen, um ihnen und durch sie dem Volk zum Bewusstsein zu bringen, dass der Staat und seine Institutionen nichts Fremdes, sondern das eigene Wesen, gleichsam die krystallisierten Ausstrahlungen des Volksgeistes sind. Diese Art von politischer Freiheit ist jedenfalls sehr „formell". Hegel nennt sie auch affirmativ, insoferne sie nicht durch das Gefühl der Beschränkung zum Genuss ihres Daseins kommt, sondern dadurch, dass der Wille das erhebende Bewusstsein hat, in den staatlichen Institutionen ganz in seinem eigenen Element zu sein. Das ist eine Freiheit, die aus Mangel an Aktivität zur Gleichgiltigkeit und zum politischen Stumpfsinn führen muss.

2. Apriorische Konstruktion und aposteriorische Deutung.

Fassen wir nun die Absicht ins Auge, von der die beiden Philosophen bei der Aufstellung ihrer Staatstheorie geleitet sind, so bemerken wir auch da einen tiefgreifenden Unterschied, der seine Wurzel in prinzipiellen Voraussetzungen hat und dessen Konsequenzen den Inhalt ihrer Ausführungen nicht unberührt lassen konnten. K a n t

---

*) cf. Enc. § 544, S. 446.
**) Ph. d. R. § 309, S. 395.

geht darauf aus, die Form eines Staats überhaupt zu finden, d. h. den Staat in der Idee, welche jeder wirklichen Vereinigung zu einem gemeinen Wesen zur Richtschnur dient. Was anders kann man demnach von ihm erwarten als die apriorische Konstruktion des Staats? Nur die mit dem *a priori* identische Allgemeingiltigkeit und Notwendigkeit berechtigt seine Staatsidee zu dem Anspruch auf Vorbildlichkeit. Hegel dagegen stellt in Abrede, dass es Aufgabe des Philosophen sei, den Staat zu zeichnen, wie er sein soll, vielmehr will er den Staat in seinem Wesen verstehen und begreifen. Er intendiert sonach lediglich eine aposteriorische Deutung des Staats. Oder wie will man es sonst nennen, wenn er überzeugt, dass die Philosophie stets zu spät komme, um die Welt zu belehren, wie sie sein soll, seine Rechtsphilosophie charakterisiert als den Versuch, den Staat als ein in sich Vernünftiges zu begreifen und vorzustellen.

Nun ist gewiss, dass bei Kant die praktische Spitze nicht die Hauptsache ist. Ihm ist es ebensosehr wie Hegel vor allem um allgemeingiltige Erkenntnis zu thun. Indessen der Umstand, dass ihm die Erkenntnis von etwas Seinsollendem am Herzen liegt, während Hegel wissenschaftliche, d. h. allgemeingiltige Einsicht in das Bestehende anstrebt, entspringt einem tiefen Unterschied in ihrer gesamten Weltanschauung. Beide rechnen den Staat zu den Erscheinungen des sittlichen Lebens, dieses einmal im weitesten Sinne genommen als das Gebiet des freien Handelns der Menschen. Bei der Beurteilung dieses Gebiets huldigt Kant ohne Frage einem ausgesprochenen ethischen Pessimismus. Die Vernunft herrscht nicht unbeschränkt innerhalb der Grenzen dieses Gebiets. Von dieser Ueberzeugung aus sieht sich die Philosophie getrieben, zu erkennen, wie Gesinnung, Handeln und staatliches Leben beschaffen sein müssen, wenn die Vernunft das letzte Wort zu sprechen hat. So gewinnt sie Erkenntnisse, die gegenüber der gegebenen Wirklichkeit die Bedeutung praktischer Aufgaben, sittlicher Ideale haben. Daraus begreift sich nun Kants Tendenz.

Dagegen bildet den Grundzug des Hegelschen Philosophierens ein kühner Optimismus, den man einen logischen genannt hat, weil die Welt in das Denken aufgeht.*) In

---

*) Eucken, Geschichte u. Kritik der Grundbegriffe der Gegenwart S. 240.

der That: Vor dem durchdringenden Blick des absoluten Wissens fällt der Schleier des Geheimnisses von der Wirklichkeit, die immer irgendwie das Walten der Vernunft offenbart als den inneren Puls, der in den äusseren Gestaltungen nachschlagend gefühlt wird. Das ergibt für die Gebiete des sittlichen Lebens folgerichtig einen ethischen Optimismus.*) So gilts denn auch nicht über der Wirklichkeit ein vorbildliches Reich der Vernunft zu errichten, sondern wie in aller Wirklichkeit so auch im Staate eine Gestaltung der Vernunft zu erkennen. Dieser ist durch die geschichtliche Entwicklung gegeben. Die Philosophie tritt *a posteriori* an ihn heran, nicht konstruierend, bloss begreifend.

1. Dieser verschiedenen Stellung zur Wirklichkeit entspringt ohne Zweifel die ganz entgegengesetzte Beurteilung des Kriegs. Kant erblickt in ihm ein absolutes Unrecht, kaum als ein notwendiges Uebel vermag er gerechtfertigt zu werden; seine endgiltige Beseitigung durch den Zustand vollkommener Gerechtigkeit auf Erden, durch den ewigen Frieden ist eine unerlässliche sittliche Aufgabe, ein unbedingt anzustrebendes Ideal. Wie ganz anders Hegel. Auch die rauhe Wirklichkeit des kriegerischen Lebens ist nicht ohne vernünftigen Sinn, nicht ohne sittliche Bedeutung. Und gewiss ist viel Wahres an den ernsten und erhebenden Worten, mit denen er dies darzuthun versucht und bis zu einem gewissen Grad darthun kann, weil er die dem Philosophen des achtzehnten Jahrhunderts unbekannten nationalen Kriege mit ihrer heiligen Begeisterung und ihren wohlthätigen Folgen vor Augen hatte. Indessen auch diese Erscheinung der Endlichkeit hat ihre Dialektik, auf welche Hegel eben in diesem Falle nicht genug eingegangen ist. Man ersieht das z. B. aus den Urteilen eines sittlich und intellektuell so reifen Mannes, wie des von höchster Staatsgesinnung erfüllten preussischen Unterstaatssekretärs Rindfleisch, der den Krieg 1870/71 als Leutnant der Reserve mitgemacht hat. Niemand kann im Zweifel sein, dass die von Rindfleisch in seinen Feldbriefen tief beklagte Abnahme des Rechtsgefühls unter den sonst so wackeren Soldaten ein Verlust ist, der nicht aufgewogen werden kann durch die Manifestation einer nicht

---

*) R. Ph. Vorrede S. 19: „Die Vft. begnügt sich nicht mit der kalten Verzweiflg., die zugibt, dass es in dieser Zeitlichkeit wohl schlecht oder höchstens mittelmässig zugehe."

immer ganz einwandfreien patriotischen Begeisterung und Opferwilligkeit.

2. Im Streite der politischen Parteien wird ein Hauptgewicht auf die Verfassungsform des Staats gelegt. Auch in dieser Frage scheinen Kant und Hegel Antipoden zu sein. Kant redet der reinen Republik das Wort, Hegel erblickt in der konstitutionellen Monarchie die vernünftige Staatsform. Und doch, nicht diese verschiedene Verfassungsform macht den Hauptgegensatz zwischen ihnen aus. Es ist in der Erinnerung, was die reine Republik bei Kant zu bedeuten hat. Vielmehr darin offenbart sich eine bedeutende Verschiedenheit, dass Kant den Nachdruck auf die Regierungsart, Hegel ihn auf die Verfassungsform legt. Es wird sich nun darum handeln, zu zeigen, ob Kant und Hegel der von ihnen ausgesprochenen Tendenz treu geblieben sind, ferner ob und inwiefern die eben angedeutete Verschiedenheit auf Rechnung der auseinandergehenden Tendenzen zu setzen ist.

Kant sucht die Idee eines Staats überhaupt. Welche Verfassung muss dieser haben? Um die Idee eines Staats überhaupt zu entwerfen, bedarfs der Mitwirkung der Vernunft. Nur Vernunfterkenntnisse sind apriorisch. Aus der Vernunft aber kommen nur Gesetze, Gesetze für das Erkennen, Gesetze für das Handeln. Versteht man unter Verfassung die Festsetzung darüber, wie viele Personen den im Staate vereinigten Gesamtwillen eines Volkes gegenüber diesem Volk als Unterthanen darstellen sollen, so lässt sich über diese Zahl apriorisch gar nichts aussagen. Die Vernunft gibt nur das Gesetz, dass das Recht unter den Menschen herrsche. Nun gibt es nach dem Begriff der Quantität drei in der Geschichte wirklich gewordene Möglichkeiten der Beherrschungsform. Diejenige wird die richtige sein, die vor dem Forum des aus der Vernunft stammenden Rechtsgesetzes besteht. Das lässt sich wieder nicht apriorisch ausmachen. Nur durch die Erfahrung weiss man, dass die Handhabung des Rechts in der Monarchie am sichersten und leichtesten erfolgt, dass dagegen die Demokratie ebensoleicht zum Despotismus ausartet. Aber das Gegenteil ist auch möglich, weil es immer auf die Personen ankommt, die die höchste Gewalt ausüben. Wer mithin die Idee eines Staats überhaupt finden will, erreicht sein Ziel nur insofern, als er im Rechtsgesetz ein Kriterium für die Vernünftigkeit einer Verfassung gewinnt. Eine absolut vernunftgemässe Verfassung kann er nicht aufstellen.

Eine jede Verfassung kann sich vor der Vernunft als rechtmässig legitimieren, wenn sie die Herrschaft übt im Sinne des apriorischen Rechtsgesetzes, wenn ihre Regierungsart ihm entspricht. Hierzu ist ihr ein bedeutsamer Wink gegeben in der durchs Rechtsgesetz nahegelegten Idee eines ursprünglichen Vertrags, sofern diese die Unterthanen als Vernunftwesen im Auge behalten heisst und eine Trennung der Gewalten fordert. Der im Vertrag vereinigte Volkswille muss auf dreifache Weise wirksam gedacht werden. Die gewissenhafte Unterscheidung dieser Funktionen eines und desselben Willens ergibt jene Trennung der Gewalten, davon die eine nach Analogie mit einem Vernunftschluss sich entweder mit dem Allgemeinen oder Besonderen oder Einzelnen zu beschäftigen hat. Hegel hat das „vernünftige Element" in einer solchen Trennung anerkannt, aber gegen die Festsetzung einer besonderen richterlichen Gewalt Einspruch erhoben. Dennoch ist diese von Kant empfohlene Trennung, mag sie immerhin bloss unter rechtlichem Gesichtspunkt konzipiert sein, im Gegensatz zu derjenigen Hegels, wenigstens nach einem klaren Teilungsprinzip gedacht, soferne Richtung und Ziel des Willens den Grund der Sonderung abgeben.

Uebrigens ist auch, was diesen Punkt betrifft, schon hervorgehoben worden, dass Kant es zwar für wünschenswert, aber nicht für unumgänglich notwendig hält, dass diese Trennung auch buchstäblich durchgeführt sei. Sie ist eine notwendige Vernunftidee, ein unerlässliches Prinzip für eine streng rechtliche Regierungsart. Kant gelangt also zu dem durch die Geschichte der Staatsphilosophie und des politischen Lebens bestätigten Ergebnis, dass es nicht möglich ist, die Idee eines Staats überhaupt bis in alle Einzelheiten ein für alle Male festzustellen. Er ist seiner Tendenz treu geblieben, er sucht das Ideegemässe festzustellen, aber gerade diese Tendenz hat ihn an der Hand seiner erkenntnistheoretischen Grundanschauung, wonach die Idee niemals aus der Erfahrung geschöpft und von der der Erfahrung gegenüberstehenden Vernunft nur ein Gesetz, hier ein Gesetz für das praktische Handeln, erwartet werden kann, dazu geführt, mehr als die Staatsform die dem Vernunftgesetz entsprechende Regierungsart zu betonen.

Wie steht es in dieser Hinsicht bei Hegel? Seine Absicht ist, den Staat als ein in sich Vernünftiges zu begreifen. Wenn die ganze Wirklichkeit ein Abbild der ewigen Vernunft ist, so muss auch der Staat als eine

Auswirkung der Vernunft zu erkennen sein. In der That sind die Elemente der Vernunft im Staate zu konstatieren und zwar vor allem einmal wegen des sittlichen Charakters, den jedes staatliche Leben an sich trägt. Mag der Staat noch so unvollkommen sein, es findet in ihm die den Begriff der Sittlichkeit konstituierende Durchdringung von Allgemeinheit und Einzelheit statt und diese ist vernünftig. Sodann offenbart sich die Vernunft in der Institution der Erbmonarchie.

Die Erbmonarchie — wenn auch nicht die ständische — war zu Hegels Zeiten noch die beinahe ausschliessliche Form der Beherrschung und hatte sich auch da, wo sie der Revolution hatte vorübergehend weichen müssen, mit Erfolg wieder hergestellt. Diese monarchische Spitze des Staats als eine gegebene Wirklichkeit galt als vernünftig zu begreifen. Zweierlei Hilfskonstruktionen sind dazu nötig. Einmal wird gesagt, der Staat sei Individuum, Persönlichkeit, Gewissheit seiner selbst, zum andern wird aus der Logik die Behauptung herübergenommen, dass der Begriff sich selbst Wirklichkeit geben müsse, um ganz zu sein, was er ist. Im Staat, der den Begriff der reinen Selbstbestimmung, der freien Persönlichkeit zum Inhalt und Zweck hat, ist dieser Begriff reell in der Person des Monarchen. Diese Realität des Begriffs kann aber nicht dem Zufall überlassen bleiben, weil sie als im Begriff gelegen notwendig ist, darum ist sie der Natur anheimgegeben. Auf diese Weise wird nicht nur die Monarchie, sondern auch deren Erblichkeit als vernünftig begriffen.

Man könnte dagegen einwenden, ob denn der Begriff der Persönlichkeit in Wahrheit auf den Staat anwendbar sei? Ist denn der Staat nicht vielmehr organisch gegliederte Einheit einer Menge von Persönlichkeiten als Einzelpersönlichkeit, d. h. ein fortdauernd identisches denkendes, wollendes, fühlendes Ich, das in allen von aussen her erfahrenen Empfindungen und nach aussen gerichteten Thätigkeiten sich selbst gegenwärtig ist? Weiter: kann das letzte Sichentschliessen und Wollen des Ganzen nicht ebensogut bei der Majorität einer Volksvertretung oder führenden Aristokratie liegen als in der Person des Monarchen? Ist es denn wahr, dass der Begriff der Selbstbestimmung — zugegeben, er sei auf das Volksganze anwendbar — sich selbst in einer bestimmten Person Wirklichkeit geben müsse, um ganz zu sein, was er ist? Diese Behauptung wird nicht einleuchtender durch die Berufung auf die Analogie des ontologischen

Beweises. Denn auch Hegel hat das unwiderlegliche Ergebnis der Kantschen Kritik dieses Beweises nicht entkräftet, dass nämlich das Sein kein unerlässliches Moment des Begriffsinhaltes sein könne.

Wie fragwürdig und dunkel man diese scharfsinnige Zurechtlegung der Monarchie finden mag, bis hieher hat Hegel die sich selbst gezogenen Grenzen nicht überschritten, hat sich vielmehr rein nur begreifend verhalten; denn die bisherigen Elemente waren in der gegebenen Wirklichkeit anzutreffen. Aber dieselbe Wirklichkeit enthielt doch eine Mannigfaltigkeit, wenn auch monarchisch zugespitzter Staatsformen. Das Allgemeine, das im Einzelnen lebt und wofür der Einzelne lebt, ist die Verfassung des Staats, sind die politischen Institutionen. Sind diese von der Theorie wie von der Geschichte in bunter Abwechslung dargebotenen Verfassungen alle gleichwertig? Mit nichten. Es muss eine Verfassung geben, an der der Charakter der Vernünftigkeit am vollendetsten zur Erscheinung kommt. Vernunft ist da zu erkennen, wo sich der Begriff in seine logischen Momente entfaltet. Er thut das in der konstitutionellen oder besser gesagt, ständischen Monarchie, in der die Momente der Allgemeinheit, der Besonderheit und der Einzelheit durch die drei Gewalten dargestellt sind. Bei dieser Hegelschen Unterscheidung der verschiedenen Funktionen des einen Staatsorganismus ist freilich der Grund der Unterscheidung nicht so klar wie bei Kant. Es ist nicht geteilt nach dem Objekte der Thätigkeit, nicht nach der Zahl der Repräsentanten der Gewalten; denn der ersten Möglichkeit widerspricht die Charakterisierung der monarchischen, der zweiten die der beiden anderen Gewalten. Mit einer gewissen Willkür und Gewaltsamkeit ist die Fülle des im Staate pulsierenden politischen Lebens in das Prokrustesbett der logischen Formel gezwängt worden.

Ist überhaupt Hegel bei dieser ganzen Aufstellung seiner Tendenz treu geblieben, hat er nur begriffen, nicht konstruiert? Kein Zweifel, Hegel ist hier mit seiner Absicht gestrandet an dem unauslöschlichen Verlangen des menschlichen Geistes nach Erkenntnis der Idee. Das ganze Bild dieser Staatsverfassung ist zuerst nach den Kriterien der Vernünftigkeit entworfen. Die unleugbaren Spuren der Vernunft in jedem konkreten Staatswesen sind zu voller Entwicklung gebracht worden. Eine Verfassung, wie die von Hegel vorgeschlagene, gab es damals nicht. Hegel hält sich also nicht daran, bloss die gegebene

Wirklichkeit zu begreifen, er acceptiert die Elemente der Vernunft, die er in ihr vorfindet, aber er stellt über sie eine Wirklichkeit, in der die Vernunft ganz zu Hause ist, die aber auch ganz nur in der Vernunft zu Hause ist. Er sagt freilich nicht, dass die Welt so sein solle; denn jedes Volk hat die Verfassung, die es verdient, aber wenn einmal ein Volk die vollkommene Verfassung hat, kann es keine andere sein als die hier gezeichnete.

Hegel ist seiner Tendenz nur zur Hälfte treu geblieben. Aber weil er nicht sagen wollte, wie die Welt sein soll, weil er nicht nach einer aus der Vernunft abgeleiteten Aufgabe ein Bild des Staats, wie er sein soll, zu entwerfen beabsichtigte, darum konnte er keinen so grossen Nachdruck auf die Regierungsart legen. Er musste die Verfassungsform betonen; denn sie ermöglichte ihm den Staat als etwas in sich Vernünftiges zu begreifen, weil er dadurch gleichsam eine Illustration zu den Abstraktionen der Logik wird. Wenn man dagegen sagen wollte: ein solcher Staat mag immerhin vernünftig sein, entspricht er dann aber auch den Rechten und Bedürfnissen der Menschen, so wäre mit Hegel zu erwidern: alle Vernunft- und Naturbedürfnisse gelangen in diesem Staat zu ihrem vollen Recht, denn die vernünftige Verfassung garantiert die grösstmögliche Freiheit, ist selbst die vollendetste Erscheinung der Freiheit. So erwartet Hegel alles Heil von den Institutionen.

3. Der hauptsächlichste Unterschied, der zwischen Kants und Hegels Ansicht vom Staate obwaltet, liegt darin, dass Kant ihn auf dem Recht erbaut, während Hegel ihn als die Welt der Sittlichkeit zu begreifen sucht. Es wird sich fragen, ob nicht auch bei dieser tiefgreifenden Differenz irgendwie die prinzipielle Verschiedenheit in der Tendenz, von der beide Philosophen bei Aufstellung ihrer Staatstheorie geleitet sind, nachwirkt, bei Kant die Notwendigkeit, bei Hegel die Möglichkeit gerade seines Ergebnisses begründend.

Kant will, um ein Wort Hegels zu gebrauchen, die Welt belehren, wie sie sein soll, d. h. er will zeigen, wie der Staat beschaffen sein muss, wenn er den Gesetzen der Vernunft entsprechen soll. Er will die vorbildliche Idee des Staats gewinnen, die für die weitere Entwicklung der geschichtlich entstandenen Staaten die Bedeutung einer praktischen Aufgabe hat und ein absolutes Gebot der reinen praktischen Vernunft für jedes Volk ist. Dabei geht er aus von der Frage: was kann die Aufgabe des Staats sein und wie ist er dieser Aufgabe entsprechend einzurichten? Da bietet sich ihm ein Zweifaches zur Anknüpfung der Antwort dar: Einmal kennen wir aus Erfahrung keinen Staat, der nicht irgendwie eine Rechtsordnung verwirklichte. Die wenn auch noch so primitiven Staaten, die sich unter dem mechanischen Druck der Verhältnisse zwischen den unausweichlich auf einander angewiesenen Menschen bilden, lassen eine wachsende Annäherung an die Rechtsbegriffe erkennen. Sodann ist es ein Gebot der Vernunft, dass das Recht gelte im Verkehr der Menschen. Dies Gebot wird erfüllt durch Unterwerfung unter ein gemeinsames Gesetz, m. a. W. durch die Bildung des Staats.

Man kann also den Staat definieren als die Vereinigung einer Menge von Menschen unter Rechtsgesetzen. Diese Rechtsgesetze sind unendlich verschieden. Es kann aber nur ein Recht geben, weil es nur eine Wahrheit, nur eine Vernunft gibt. Da wo das Rechtsgesetz aus der Vernunft abgeleitet und in seine alles staatliche Leben durchdringenden Konsequenzen entfaltet ist, ergibt sich die Idee eines Staats.

Die Definition Kants scheint zunächst zu weit zu sein. Es lassen sich nämlich Vereinigungen von Menschen unter Rechtsgesetzen denken, die dadurch keineswegs schon einen Staat bilden. So waren z. B. die Universitäten in früheren Zeiten unter eigenen Gesetzen konstituiert, die den Mitgliedern Rechte zuerkannten, Pflichten auferlegten und die Verabsäumung derselben mit Strafen bedrohten, die durch eigene Gerichtsbarkeit verfügt und vollstreckt wurden. Das unterscheidende Merkmal zwischen einem derartigen doch nur uneigentlich sogenannten Staat im Staate und dem, was nach Kants Meinung der Staat ist, besteht darin, dass bei jener Vereinigung nicht die Verwirklichung des Rechts, sondern die Arbeit wissenschaftlichen Lehrens und Lernens der Zweck und die Rechtsordnung nur ein Mittel zu seiner möglichst ungehinderten Erreichung war, während Kants Auffassung vom Staat dahin geht, dass die Verwirklichung des Rechts der einzige Zweck des Staats ist.

Trotzdem durch diese ausschliessende Zweckbestimmung der Staat bestimmter unterschieden wird von anderen Vereinigungen, befremdet uns an dieser Definition das Fehlen solcher Momente, die wir heutzutage beinahe unvermeidlich im Begriff des Staats mitdenken. So sagt z. B. Lotze: Diese vier Elemente sind es, die den Staat bilden: das spracheinige Volk, das ein natürliches Interesse seiner Einheit hat, das angestammte Territorium, das ihm die Mittel zur Behauptung seiner Selbständigkeit gewährt, die Regierung, welche die geschichtliche Continuität des nationalen Geistes vertritt, endlich die allgemeine Ueberzeugung, dass alle Freiheit der Einzelentwickelungen, ihr Streit und ihr Fortschritt, durch rechtliche Vereinbarung des Volks und der Regierung erfolgen müsse.*) Vielleicht fehlen diese Momente bei Kant, weil seiner Zeit der Begriff des nationalen Staats fremd war? Sicher ist, dass er sie weglassen musste, weil es ihm darum zu thun war, die Idee eines Staats zu finden. Sie widersprechen derselben nicht, sind aber keine notwendigen Bestandteile derselben, weil sie aus der Erfahrung geschöpft sind. Notwendigkeit haben nur Erkenntnisse, die aus der Vernunft stammen; aus der Vernunft stammen nur Gesetze. Das Recht ist ein Vernunftgesetz. Also ist das Recht allein geeignet für die Gewinnung einer Staatsidee.

Da nach Kant die Staaten eine zunehmende Annäherung an das Rechtsgesetz erkennen lassen, so wäre es auch vom Kantschen Standpunkte aus möglich, den Staat als etwas in sich Vernünftiges zu begreifen, wie die Forderung Hegels lautet. Aber Kant begnügt sich nicht damit, die Elemente des Vernünftigen im geschichtlichen Staat zu konstatieren, sondern will das Ziel, dem er auf seiner Entwicklung zustreben muss, allgemeingiltig feststellen.

Mehr noch als das Fehlen der genannten Momente fällt es auf, dass Kant im Gegensatz zu Hegel, der dem Staat innerhalb der Sphäre der bürgerlichen Gesellschaft den Beruf zur Förderung der öffentlichen Wohlfahrt zuschreibt, jede derartige Zweckbestimmung aus der Staatsidee fernhält. Hieran ist wieder die fest und sicher innegehaltene Tendenz schuld. Das was Wohlfahrt ist, was zur Glückseligkeit gehört, kann nur durch Erfahrung ermittelt werden. Da diese niemals erschöpft werden und über sie niemals Einstimmigkeit erzielt werden kann, ist die Glückseligkeit — abgesehen von den destruktiven Folgerungen, zu denen die Aufnahme dieses Moments in die Idee des Staats Anlass gibt — kein brauchbarer Bestandteil derselben, weil die Idee nur das festzusetzen hat, was Allgemeingiltigkeit beanspruchen kann.

---

*) Lotze, Mikrokosmus III, S. 443.

Nun könnte man aber einwerfen: es sei, man lasse die Momente der Nationalität und der Wohlfahrt aus der Idee des Staats, man konstruiere allein mit den Mitteln der Vernunft einen Staat, aber man denke höher von ihm, gebe ihm einen höheren Beruf, nehme doch nicht bloss das Rechtsgesetz zur Grundlage, sondern das Sittengesetz, das ebensogut wie jenes ein Vernunftgesetz ist und zu allgemeingiltigen Folgerungen tauglich.

Bei der unverändert festgehaltenen Tendenz, zu sagen, wie der Staat sein soll, würde das insinuierte Beginnen scheitern müssen am Begriff der Sittlichkeit. Wollte man statt des Rechtsgesetzes als Zweck des Staats die Verwirklichung des Sittengesetzes hinstellen, also dem Staat die Aufgabe zuweisen, statt des Rechts Sittlichkeit zu erzeugen und aufrecht zu erhalten, so würde die Erfüllung dieser Aufgabe im sichtbaren Resultat zwar auf dasselbe hinauskommen; denn Rechtsgesetz und Sittengesetz unterscheiden sich nur dadurch, dass das erstere gleichgiltig ist gegen die Motive des Handelns, während das letztere das selbstlose Handeln aus Pflicht fordert, indessen die Form des Handelns nach beiden Gesetzen dieselbe ist. Aber man würde auf solche Weise dem Staat das Unmögliche zumuten, die Gesinnung, den Willen gut zu machen. In die Tiefe der Gesinnung, bis zu dem Quellpunkt aller wahren Sittlichkeit, reicht keine äusserliche Macht, ohne das Gegenteil von dem zu erzielen, was sie erzielen möchte, ohne die Vernichtung aller Sittlichkeit durch die Lock- und Drohmittel einer die sittliche Freiheit erdrückenden Heteronomie. Wäre die Erzeugung von Sittlichkeit die Aufgabe des Staats, so müsste er mit allen verfügbaren Mitteln auf ihre Erfüllung hinarbeiten. Durch die Unfreiheit aber, wie sie durch den Zwang äusserer Mächte statuiert wird, führt kein Weg zur Sittlichkeit. Diese ist ein Kind der Freiheit, durch nichts anderes hervorgebracht als durch die Trefflichkeit eines selbstherrlichen Willens, ihm entspringend wie Athene dem Haupt des Zeus.

Und doch ist Kants Rechtsstaat nicht ohne jede sittliche Bedeutung. Zwar wird man nach dem eben Gesagten Kants Ansicht nicht treffen, wenn man etwa dächte, dass eine direkt moralische Einwirkung des Staats möglich sei, indem er etwa vom Rechtthun aus Zwang durch Gewöhnung zum Rechtthun aus Gewohnheit und Neigung führte. Das ist noch keine Sittlichkeit, die vielmehr sozusagen nur aus dem Selbstzwang hervorgeht. Aber darin ist Kants Staat von sittlicher Bedeutung, dass er der Freiheit einen Spielraum schafft, auf dem sie aus der Verborgenheit der sittlich guten Gesinnung an das helle Tageslicht der praktischen Bethätigung dieser Gesinnung heraustreten kann.

Es ist schon gezeigt worden, wie Hegel der von ihm genau abgegrenzten Aufgabe nicht durchaus treu geblieben ist, weil er nicht nur begreifend, sondern ebensogut konstruierend verfährt. Immerhin steht das Konstruieren im Dienste des Begreifens. Was bei aller Wirklichkeit, was auch beim unvollkommensten konkreten Staat, der nicht aufhört Staat zu sein, sowenig der Krüppel und Verbrecher aufhört, Mensch zu sein, der Fall ist, das ist eben bei der gedachten Wirklichkeit des konstruierten Staats am evidentesten zu erkennen: das Walten der Vernunft, die Erscheinung der Freiheit und damit der Sittlichkeit. Es ist also nicht so, dass Hegel, auch wenn er konstruierend ein Staatsbild entwirft, es thut, um dem Staat eine sittliche Aufgabe zuzuschreiben, sondern der wirkliche Staat schon, ganz besonders aber der zu vollendeter Vernünftigkeit entwickelte lässt sich begreifen als die Welt der Sittlichkeit. Würde Hegel auch hier konstruierend verfahren sein, d. h. hätte er in allgemeingiltiger Weise zeigen wollen, was des Staates Aufgabe sei, so hätte er vor denselben Schwierigkeiten gestanden, die Kant dadurch vermieden hat, dass er dem Staat lediglich eine rechtliche Zweckbestimmung gegeben hat. Den Vorwurf des letzteren, dass eine Regierung, die für die Wohlfahrt des Volks zu sorgen unternehme, despotisch sei, rechtfertigt er ohnedies bis zu einem gewissen Grad durch das Zugeständnis, dass die Polizei, die nach seiner Meinung diese Fürsorge zu tragen hat, dem Verdacht der Willkür verfalle.

Während aber Hegel im Bereich der bürgerlichen Gesellschaft allerdings von einer Aufgabe des Staates redet, thut er es nicht mehr, wo der Staat als solcher in Betracht kommt. Er sagt nicht, dass der Staat mit bewusster Absicht Sittlichkeit zu erzeugen und demgemäss seine Institutionen zu gestalten habe. Hier beschränkt er sich vielmehr auf jenes Begreifen, dem sich der Staat offenbart als sittliche Organisation. Ihn als solche zu erkennen ist Hegeln möglich kraft des eigentümlichen Begriffs der Sittlichkeit, den er aufstellt und dessen Netz er so dreht, dass ihm das staatliche Leben nicht durch die Maschen geht. Wenn Hegel die Durchdringung von Allgemeinheit und Einzelheit als das charakteristische Merkmal der

Sittlichkeit bezeichnet, so bleibt hiebei unklar, aus welchen Motiven allgemeine, gedachte Zwecke vom Einzelwillen verwirklicht werden, von welchen Triebfedern das auf Grund eines Allgemeinen und mit Hingebung an das Allgemeine geführte Einzeldasein geleitet ist. Weil bei Kant alles auf die Triebfeder ankommt, so sehr, dass er z. B. sagt, „wenngleich durch eine besondere Ungunst des Schicksals oder durch kärgliche Ausstattung einer stiefmütterlichen Natur es diesem Willen gänzlich an Vermögen fehlte, seine Absicht durchzusetzen; wenn bei seiner grössten Bestrebung dennoch nichts von ihm ausgerichtet würde und nur der gute Wille (freilich nicht etwa ein blosser Wunsch, sondern als die Aufbietung aller Mittel soweit sie in unserer Gewalt sind) übrig bliebe: so würde er wie ein Juwel doch für sich selbst glänzen, als etwas das seinen vollen Wert in sich selbst hat,"*) darum könnte er nie mit voller Sicherheit den Staat als etwas Sittliches begreifen (nach dem ganzen Umfang seines Lebens;) denn er ist der Ueberzeugung, dass es von dem Vorhandensein eines solchen Willens, auf den doch alles ankommt, keine sicheren Beispiele gibt.

Trotzdem muss man Hegeln zugeben, dass der Staat wenigstens ein Feld der sittlichen Bethätigung und ein Reich der sittlichen Freiheit sein k a n n, aber er ist es nicht in jedem Fall und nicht allein. Einmal sind es doch verhältnismässig wenige Bürger, die soviel intellektuelle und politische Bildung haben, dass sie das unmittelbare Zutrauen besitzen, dass die Institutionen das Erzeugnis ihres eigenen im Volksganzen mit zur Geltung kommenden Wesens sind. Ohne dieses Bewusstsein aber ist an Freiheit nicht zu denken. Sodann: gerade die in der kommunalen Selbstverwaltung entwickelte Wirksamkeit des Bürgers, die nach Hegel eine Bethätigung der Sittlichkeit ist, entspringt nicht selten den unlautersten Triebfedern der Gewinnsucht und des Ehrgeizes. Endlich: für die in den Werken der Humanität, die ausserhalb der Innung etc. geschehen, für die in der Treue der Freundschaft, in der Arbeit des Berufs, in der Freudigkeit des Entsagens etc. erscheinende Sittlichkeit ist kein Platz in dieser Hegelschen Welt der Sittlichkeit.

---

*) Grundlegung etc. S. 11.